우리춤과 문화

우리춤과 문화

초판 1쇄 발행 2017년 3월 9일

지은이	김종덕
펴낸이	이대현

책임편집	고나희 | 표지·내지디자인 홍성권
편　　집	이태곤 권분옥 홍혜정 박윤정
디 자 인	안혜진 최기윤
기　　획	고나희 이승혜
마 케 팅	박태훈 안현진

펴 낸 곳	도서출판 역락
등　　록	1999년 4월 19일 제303-2002-000014호
주　　소	서울시 서초구 동광로46길 6-6(반포4동 577-25) 문창빌딩 2층(우06589)
전　　화	02-3409-2060 (편집부), 2058 (영업부)
F A X	02-3409-2059
E-mail	youkrack@hanmail.net

*정가는 뒤표지에 있습니다.
ISBN 979-11-5686-738-8 03680

*이 도서의 국립중앙도서관 출판예정도서목록(CIP)은 서지정보유통지원시스템 홈페이지(http://seoji.nl.go.kr)와 국가
자료공동목록시스템(http://www.nl.go.kr/kolisnet)에서 이용하실 수 있습니다.(CIP제어번호: CIP2017003659)

우리춤과 문화

김종덕 지음

역락

『우리춤과 문화』는 우리춤의 정체성과 문화에 대한 전반적인 견해를 바탕으로 2014년부터 2016년 상반기까지 매체를 통해서 소개된 글을 도서출판 역락 이대현 대표님의 권유와 에디터 고나희 님의 도움으로 다듬고 첨삭하여 책으로 묶은 것이다.

그동안 춤과 함께 생활하면서 춤추는 사람의 자세는 어때야 하며, 춤의 본질은 무엇인가에 대한 의문이 끊이지 않았다. 그러나 그 답은 대단한 것도 멀리 있는 것도 아니었다.

흔히 '춤추는 사람' 또는 '무용가'하면 신체적 비율이 매우 뛰어나거나 움직임에 특별한 재능이 있는 사람이라고 생각한다. 그러나 춤은 인류의 출현만큼 오래되었으며, 다양한 사람이 참여할 수 있는 유일한 예술 장르로서 모든 예술의 근원이며 인간의 내면을 표현하는 가장 원초적인 수단이라고 할 수 있다.

고대인들의 중요한 관심은 생존 그 자체로 사람들은 극한 자연환경 속에서 자연재해를 피하고 생존하기 위해 신탁에 의존한 종교의식이 강화되었으며, 입신 또는 강신을 체험하기 위한 제의로서의 굿은 노래와 춤으로 이어가는 행동체계이자 초월적인 신령과의 교제 절차였다.

서양을 대표하는 춤으로서 발레ballet는 국력을 과시하기 위한 왕궁의 사교춤에서 시작되었으며, 동양의 대표적 음악·철학으로서 악[樂·歌·舞 一體]은 정치관과 윤리관을 바탕으로 일정한 이상理想 아래 통합 구성된 예능론藝能論으로 동양 전통예술의 사상적 근저가 되었다.

동서양을 막론하고 중세 이전의 무용에 관한 사료는 벽화 같은 단편적인 기록이 전부였고, 근대에 이르러 정재무도홀기呈才舞圖笏記나 라반로테이션Lavanotion[舞譜]이라는 무용기록법이 생긴 후에 비로소 무용의 형식을 어느 정도 유추할 수 있었다. 따라서 과거의 춤을 이해하기 위해서 그 시대의 문화·경제·사회·사상뿐만 아니라 신분에 따른 생활상까지도 중요한 단서로 활용되었고, 많은 나라에서 무용이 독립학문이 아니라 인류학이나 체육·연극·인문·철학·미디어 등과 함께 공동과목으로 개설되어있는 이유도 이 때문일 것이다.

무대예술로서 춤은 신체를 재료로 사상과 감정을 표현하는 시·공간성의 총체예술이다. 즉, 인문학적 소양을 바탕으로 움직임은 물론 음악·조명·연출·무대미술·영상·의상·심리뿐만 아니라 때로 연기나 특수한 분장을 도구로 활용하여 작가(또는 안무가)의 의도를 관객에게 하나의 이미지로 전달하는 것이다. 따라서 무용은 다양한 장르와 협력해야 예술로서 더 큰 가치를 실현할 수 있다는 한계성을 지닌 동시에 더 넓은 영역으로 확장이 가능하다는 의미를 갖는다고 할 수 있겠다.

그러므로 춤은 특별한 재능이나 신체적으로 뛰어난 사람들만이 향유할 수 있는 것이 아니라, 우리 삶의 일부이며, 사상과 철학을 바탕으로 고유한 정서를 담아낸 몸짓과 음악·미술·복식·예법 등이 집약된 비언어적 총체 예술로서 그 나라 문화를 대변하는 교양인 것이다.

이 책이 출판되기까지 마음과 정성을 다해주신 역락 도서출판 역락사와 그동안 근면·성실함이 춤꾼의 가장 큰 덕목임을 일깨워주신 최은희 교수님, 한국 전통춤의 사상과 원리를 체계화할 수 있도록 방향을 제시해주신 김현자 교수님, 학문적 역량강화를 위해 소중한 기회와 가르침을 주신 김운미 교수님께 지면으로나마 감사의 마음을 전한다.

둘째 마당. 무용가의 예술관

작가 관련 기사와 리뷰

셋째 마당. 문화의 품격

1. 문화산업으로서 우리춤

2. 무용가의 식도락

첫째 마당
우리춤의 정체성

1. 우리춤의 전통

『주역周易』의 음양오행陰陽五行은 동양인의 사상과 삶을 지배해 왔던 대표적 사상체계이고, 동양춤에 있어서는 사상적 뿌리이자 수행 원리의 원천이라고 할 수 있다. 그것은 고대로부터 형성되어온 인간, 자연 및 우주에 관한 사유와 생활경험 속의 세계관으로 구축된 것이었다. 생활을 반영하는 대상으로서의 음양오행은 역으로 생활로부터 귀납되었던 모든 것을 연역해 내기 시작하였다. 즉, 자연세계의 추론과 통찰적 계측이 이 체계로부터 나왔고, 거대한 우주와 미세한 생물구조가 이 원리체계로부터 나왔다. 그것은 천문, 지리, 역법, 기상, 의술, 음률, 문자, 제도, 역사에 이르기까지 세계에 대한 궁금증을 푸는 열쇠였다.[01]

---

01   양계초·풍우란 공저, 『음양오행설의 연구』, 신진서원, 1993, 8면.

우주를 포함한 자연의 눈으로 춤을 바라볼 때 움직임은 단지 인간의 몸을 스쳐 지나가는 기氣의 임시적인 덩어리일 따름이며, 그것은 유동적이고 항상 움직이며 동시에 전체적인 것이어서 하나의 움직임을 전체 흐름으로부터 떼어내어 정지된 상태에서 분석해 본다는 것은 춤의 참된 본질을 훼손하는 결과를 낳을 것이다. 그러므로 움직임에의 접근 방식도 자연에의 관점과 같이 움직임[변화/易]의관점에서 이루어져야 한다.[02]

동양의 경우 우주 만물이 하나라는 사고에 따라 춤은 우주의 조화와 인간 마음의 조화를 표현하는 예술로 생각하였고 기氣를 통해 천天과 인人을 소통시키고, 하늘과 인간이 서로 감응하여 만물을 변화시키고 사회에 영향을 미친다고 생각하는 천인합일天人合一 내지는 천인감응天人感應의 사상에 기초하고 있었다. 그러므로 진정한 춤은 자신의 마음과 품격을 갈고 닦아 격을 높이고 천지의 원리를 표현하는 경지에 이르는 춤이며 이러한 춤은 외형적이고 시각적인 관찰의 대상이 아니라 내면과 마음의 품격, 혹은 정신성을 읽는 대상이다. 그러므로 동양의 춤은 자연의 연장으로서 자연 중심적이라고 할 수 있다.[03]

---

02 김말복, 「자연, 인간, 춤에 대한 동서양의 인식」, 무용예술학연구 제7집, 2001. 22~25면.

03 김말복, 위의 책, 26면.

한국전통춤의 미美는 우리 민족의 생활양식과 환경, 사상을 바탕으로 자연스럽게 무용작품에 용해되었을 것이다. 춤을 문화적 활동의 일부라고 생각해볼 때 문화가 역사의 변화에 따라 부단히 변하고, 거기에 따라 무용의 내용 또한 변화하며 내용을 담은 형식 역시 변화하게 된다.[04]

따라서 유구한 역사 속에 우리의 문화체계를 이룬 사상과 환경적 영향이 우리 춤에 어떻게 반영되고 있는지 파악하는 것이야말로 우리 춤의 올바른 전승과 발전을 가능케 하는 일일 것이다.

---

04 정은혜(1995), 「처용무의 동양사상적 분석을 통한 무의 연구」, 경희대학교 대학원 박사학위논문, 160면.

강릉단오제를 통해서 본 우리춤의 시원始原

강릉단오제는 우리나라 다른 지역에서 행해지는 단오축제보다 규모가 훨씬 크고 참여하는 계층도 다양한데, 이는 대관령이라는 지리적 여건과 환경 때문일 것이다. 대관령의 아흔아홉 굽이 고개는 영동과 영서, 중앙과 지방을 연결하는 문화적·경제적 교두보 역할을 하는 중요한 관문이다. 과거 교통이 발달하지 못했을 때 강릉을 왕래하기 위해서는 기후와 지세가 험한 대관령을 지나야 해서 서민의 안전과 개인의 안녕을 위한 관官의 노력이 수반되는 것은 당연했다. 이처럼 강릉의 단오제는 지리적 특성으로 인하여 민民·관官이 함께하는 읍치성황제의 성격이 두드러졌다.

강릉은 동쪽에는 바다, 서쪽에는 백두대간이 있어 경사가 급한 지형이고 산에서 바다까지의 거리가 짧아 재해가 발생하면 피할 곳이 마땅치 않다. 봄에는 바람과 산불, 여름에는 폭우, 가을은 짧고 겨울에는 폭설이 많아 조선왕조실록에는 50여 차례의 대형 재해로 수많은 인명과 재산을 잃었다는 기록이 남아있다. 이런 극한 자연환경은 농업과 어업이 생계의 전부였던 당시 백성들이 자연재해를 피하고자 산신과 국사성황신이 좌정해 있는 대관령을 중심으로 종교적 의식을 시작한 이유다. 북쪽 지방에는 5월이 되어야 비로소 거친 찬바람이 사라지고 추위가 풀려, 강릉에서는 설이나 추석보다 단오 무렵을 더욱 중요한 명절로 여기게 되었다.[05]

고대인들의 중요한 관심은 생존 자체에 있었고, 제사란 초월적인 신령과의 교제 절차를 의미했다. 당시 사람들은 생존을 위해 이 세상에 매인 속된 자아에서 벗어나야 하며, 거룩한 신령이 세상으로 강림해야 한다고 믿었다. 사람들은 신령을 불러들이기 위해 춤을 추었고, 자아에서 벗어나기 위해 술을 마셨다. 사람들이 입신체험 또는 강신체험을 하며, 신과 인간이 하나가 되어 교제하는 가운데 신령의 힘을 빌려 소원성취를 비는 제사가 이루어졌다. 이것이 고대 한국인들의 제사 양식이었고, 한국 샤머니즘(무교巫敎)의 출발이었다. 제의는 그 집단의 존재 의의와 존재 근거가 되는 종교적 세계관을 극적으로 표상하는 상징체계이다. 또한, 제의로서의 굿은 노래와 춤으로써 이어가는 행동체계이기도 하다. 그리고 특히 굿에는 일반 제의와는 달리 두드러진 예술적 요소들이 내포된 것을 볼 수 있다. 굿이 극적으로 표상하고 있는 무교의 세계관은 어

---

05 안광선, 『강릉단오제가 유네스코로 간 까닭』, 민속원, 2006, 15~16면.

떠한 것인가.

첫째, 세계는 그 자체가 자율적으로 운영되는 것이 아니라 초월적인 신령의 지배 밑에 있다는 것이다. 자연의 사시 변화를 위시해서 산천초목의 성쇠는 물론 인생의 생사화복 일체가 신령에 의해 좌우된다고 믿는 것이다. 둘째, 가치의 세계는 주로 생존적 가치에 집중되어 있다. 곧 풍부한 재복財福과 삶을 즐기기 위한 수복壽福과 그 연장된 관념이라 할 다남多男, 그리고 모든 재액災厄을 없애는 평안에 집결되어 있다. 셋째, 풍부한 생존적 가치를 확보하기 위해 그 섭리자인 신령과 교섭하여 그의 축복을 받지 않으면 안 된다. 이러한 교섭 의식이 곧 굿이다.[06]

강릉단오제는 유교, 불교, 무속이 대립하는 존재가 아니라 서로 포용하는 관계를 보여주는 대표적인 축제로, 산에서 나무에 신을 받아 내려온다는 설정은 원시종교의 형태를 천 년 이상 계승하고 있다. 그리고 단오등을 들고 국사성황으로 주신격인 범일국사를 모시고 축제를 이끌어간다. 따라서 강릉단오제는 무속, 유교, 불교라는 서로 다른 신념을 가지고 있는 고유의 신앙형태를 어느 하나의 성격으로 제한하지 않고 융화한 종합적인 의례 축제로 그 성격을 분명히 하고 있다. 단오굿은

---

06   유동식, 『무교와 민속예술』, 문학과지성사, 1988, 32~33면.

무당굿축제에 해당하고, 강릉농악은 풍물굿축제, 관노가면극은 가면극축제에 해당하며, 씨름과 그네 등은 세시놀이, 풍물놀이는 놀이축제에 해당되어 각각의 축제 유형이 개별적 성격이 강하면서도 동시에 하나로 뭉치는 유기적 결합체로서 특별한 성격을 지니고 있다.[07]

이처럼 강릉단오제의 성격은 이질적인 요소들을 하나의 융합체로 만들고 개별화되고 개인적인 현대사회에서 대립하고 갈등하는 다양한 가치를 축제형식을 통하여 통합하고 조화시킴으로써 공동체적 삶의 가치를 재인식하게 하고 있다. 봉안제와 관노가면극, 지탈굿 등에서 보여주는 갈등과 화해의 상황들은 갈등과 대립양상을 인식하고 이를 극복하여 화해로 나아가는 통합론을 제시한 예라고 할 수 있겠다.[08] 강릉단오제의 중요무형문화재 지정에 관한 이유를 보면 강릉단오제는 향토신사, 무속, 가면극이 혼합되어 종합적으로 행해지는 전통을 가진 향토신제[09]로 그 중요성을 인정받고 있으며, 특히 대관령을 중심으로 옛 모습을 그대로 유지하면서 공동체 신앙을 만들고 그 속에서 지역사회의 화합을 기리는 종합축제로 승화시켰다는 점이다.

---

07 안광선, 앞의 책, 29면.
08 안광선, 위의 책, 71면.
09 장정룡, 「강릉단오제 현장론 탐구」, 국학자료원, 2007, 57면.

또한, 농업과 어업의 풍요를 빌고, 가면극과 농악 등 민속예술의 기량발휘, 난장을 통한 정보 교환은 물론 활발한 물자교류와 험준한 대관령을 안전하게 넘기를 기원하는 [10] 유기적이고 종합적인 의례 축제이기에 그 중요성을 인정받고 있는 것이다. 강릉단오제는 이처럼 중요성을 인정받아 1967년 중요 무형문화재 13호로 지정되었고, 2005년 11월 25일 유네스코 인류 구전 및 문화유산 걸작으로 지정되면서 천 년의 긴 역사를 가진 우리 축제가 세계에 그 역사성을 인정받는 계기를 마련하였다. 강릉단오제에 나타난 자연 환경적 영향은 다음과 같이 정리할 수 있다.

첫째, 척박한 자연환경을 극복하기 위한 종교의식에서 출발했다. 극한 자연환경은 농업과 어업이 생계수단이었던 당시 백성이 자연재해를 피하고자 산신과 국사성황신이 좌정해 있는 대관령을 중심으로 종교적 의식을 시작했다.

둘째, 신탁을 위한 종교의식을 강화했다. 고대인들의 중요한 관심은 생존이었다. 사람들이 극한 자연환경 속에서 자연재해를 피하고 생존하기 위해 신탁에 의존한 종교의식이 강화되었다.

셋째, 원시종교 형태를 그대로 유지했다. 강릉단오제가

---

10 안광선, 위의 책, 19면.

특별한 이유는 나무에 신을 받아 내려오는 원시종교 형태를 천 년 이상 계승하는 등, 그 축제의 시원이라고 할 수 있는 신화의 공간을 고스란히 보전하고 있기 때문이다.

넷째, 강릉단오제는 유기적 결합체로서 특별한 성격을 지닌다. 단오굿은 무당굿축제에 해당하고, 강릉농악은 풍물굿축제, 관노가면극은 가면극축제에 해당하며, 씨름과 그네 등은 세시놀이, 풍물놀이는 놀이축제에 해당한다. 각각의 축제 유형은 개별적 성격이 강하면서도 동시에 하나로 뭉치는 유기적 결합체로서 특별한 성격을 지니고 있다.

다섯째, 유교와 불교, 무속신앙이 융화된 종합적인 축제의례의 성격을 지닌다. 강릉단오제는 무속, 유교, 불교라는 서로 다른 신념을 지니고 있는 고유의 신앙형태들이 어느 하나의 성격으로 제한되지 않고 융화되어 그 성격이 분명한 종합적인 축제의례가 되었다.

여섯째, 입신 또는 강신을 체험하기 위해 음주·가무가 행해져 예술적 기능이 강화됐다. 제의로서의 굿은 노래와 춤으로 이어가는 행동체계로 초월적인 신령과의 교제 절차이다. 사람들이 이 세상에 매인 속된 자아에서 벗어나기 위해서 입신체험 또는 강신체험을 통해 신과 인간이 하나가 되어 교제하는 가운데 신령의 힘을 빌려 소원성취하려는 제사가 이루어졌다. 이것이 고대 한국인들의 제사양식이었고, 한국 샤머니즘의 출발이었다.

이처럼 강릉단오제를 통해 알 수 있듯이 척박한 자연환경과 재해에서 벗어나기 위하여 신탁을 통한 생존을 목적으로 시작된 것이 제례의식이며, 초월적인 신령과의 교제를 위한 일종의 행동체계로 굿과 함께 원시종합예술로서 춤이 시작되었다는 것을 유추할 수 있다.

춤은 여성의 전유물인가?

'춤이 여성적인 것이라는 인식은 편협한 것이다.'

춤의 기원은 신神과 직결되어 있으며, 춤은 신앙적 제의에서 출발했다. 우리의 제의도 단군 이래 인간생활을 영위하는 데 목적을 둔 숭천경신崇天敬神 사상에 바탕을 둔 제천의식祭天儀式인 노래와 춤으로 구성되었다. 당시의 노래와 춤은 신을 즐겁게 함으로써 소기의 목적을 달성하고 집단의 단결과 화합을 강화하기 위함이었다. 춤의 한자어인 무舞의 시초는 무당, 즉 샤먼Shaman으로 만주어의 어근인 'Sam'은 무巫이며 '춤춘다'는 뜻이 포함되어 있다[11]고 한다.

이처럼 춤은 주로 샤먼 왕을 비롯하여 제사에 참여하는 남성들이 제례에서 추었던 집단의식의 절차였으며, 과거엔 동서양을 막론하고 무대는 신성한 공간으로 남성만이 인물을 구분하기 위하여 가면을 쓰고 춤을 추었으며 여성들은 이런 의

---

11   박재희, 『우리 춤을 찾아서』, 도서출판 푸른바다, 2015, 15~16면.

식에 참여할 수 없었다. 현재도 안동 지방의 제사와 벽사진경辟邪進慶의 의미를 담은 지신밟기 등의 행사에서 제물을 준비하는 것은 남성이라는 점을 인식한다면 춤은 여성의 전유물이 아니라 제의, 수렵, 전쟁 등 남성들의 생존목적이나 두려움 극복, 용기를 북돋는 목적으로 더 많이 활용되었다는 것을 알 수 있다.

중요무형문화재 제39호로 지정된 처용무處容舞 역시 대표적인 남성춤이다. 그뿐만 아니라 오랜 전통문화를 가진 우리나라는 고대로부터 무예 사상이 발달하였고, 상무무용을 통해 수련했다는 것을 역사적 기록이 증명하고 있다.[12] 『오경통의五經通義』에는 고대 동이족이 창을 가지고 춤을 추었으며 이 때의 춤은 수렵할 때나 전쟁할 때 시행한 단합 목적의 상무무용으로 추측된다. 단재丹齋 신채호申采浩의 『조선상고사朝鮮上古史』를 보면 고구려 전성시대의 무사들이 연마한 무예의 종목에 '혹 칼로 춤추며, 혹 활도 쏘며, 혹 깨금질도 하며, 혹 택견도 하며, 강물을 깨고 물속에 들어가 물싸움도 하며, 또한 가무歌舞를 연연하여 그 미악美惡을 보며'로 나와 있는 것으로 보아 무용이 무사들의 훈련에서 상예常藝로 집단 시행되었음을 알 수 있다.

---

12   이용복, 『한국무예 택견』, 학민사, 1990, 291면.

신라도 외부 침략에 대처하기 위해서 무력강화와 인재양성의 두 목적을 두고 화랑제도를 만들어 소년 시절부터 귀족 자제들을 입단시켜 심신 수양을 시켰는데 화랑들의 교육내용을 보면 글과 무술을 조직적으로 학습 받았으며 상무적 가무를 하였다[13]는 기록을 볼 수 있으며 신라시대 헌강왕憲康王도 제사를 지내며 춤을 추었다고 한다.

서양의 발레에도 일정 기간을 제외하면 여성보다 남성이 주도적인 역할을 했다는 것을 알 수 있는데, 특히 제2의 발레 부흥기를 이끈 니진스키Nijinsky뿐만 아니라 근·현대에 이르러 강인하고 빠른 남성춤은 더욱 주목받고 있다. 서양의 궁정발레는 16세기 말부터 프랑스에서 혼합예술 형태로 시작되어 귀족들의 여흥을 위한 사교 무용의 형태로 이어지고 점점 기교와 우아함, 스토리가 더해져 궁정 발레의 형태로 발전하게 되고 루이 14세Louis XIV 때 이르러서는 보다 전문화되었다. 루이 14세는 무용을 하나의 예술로 간주하고 모든 예술은 가장 높은 수준에 도달함으로써 프랑스의 권위에 기여할 수 있고, 기여해야 한다고 믿었다.

궁중발레에는 다양한 등장인물이 나오는데, 그중 하나가 꼬마 요정과 악마, 괴물이다. 극 속에서 괴물은 요정이나

---

13 임재해 외, 『한국의 민속예술』, 문학과 지성, 1988, 417면.

영웅과의 대립을 통해 여러 가지 공포를 물리치고, 영웅의 심리를 통해 왕의 절대 권력을 더욱 높이고자 하는 정치적인 의도가 숨어 있는 캐릭터다. 태양광선의 장식에 빛이 곧게 뻗어나가는 형상은 왕의 위력을 널리 알리고자 함이며, 곡선은 태양이 구석구석까지 부드럽게 비춰 왕의 영향력을 나타내는 상징이다. 그리고 사람 얼굴을 한 장식은 루이 14세가 태양임을 자처하는 것이며, 금빛의 온화함과 검은색의 고귀함이 어우러져 왕의 존재가 가볍지 않고 절대적이면서도 백성들에게는 따뜻하게 받아들여지길 바라는 루이 14세의 의도를 적극적으로 반영하고 있다.

태양을 상징하는 루이 14세가 무대 중앙에 서면 귀족들에게 왕의 주변에 무릎을 꿇고 다니게 하거나 낮게 머리를 숙이게 하여 왕의 권력에 복종하게 하였다. 또한, 귀족들에게는 절대왕정을 위한 정치적인 의도로 만들어진 춤과 높은 머리장식, 금빛 의상과는 상반되는 어두운색 옷을 입혀 초라하게 하여 루이 14세 앞에서 위축되게끔 하였다. 춤의 대형도 무대 중앙에 왕이 있고 귀족들은 그 주변을 돌게 하여, 태양과 주변을 도는 행성을 표현했다. 권력의 중심에 서고자 했던 왕의 동작은 절도 있고 이성적이며 간결한 동작으로 고전주의 경향을 띠었다. 이러한 춤은 나라의 혼란을 잠재우고 귀족들과 백성을 복종하게 하여 왕권의 안전을 다지고 권력의 중심에 서고자 했던 왕의 정치적인 의도를 표현한 것이다.

이처럼 원시 시대에서부터 현재 진행되는 서바이벌 오디션 프로그램 〈We Can Dance〉나 〈Dancing 9〉 등에 이르기까지 남성이 춤의 주변부에 머문 시간은 거의 없었다.

한국 전통춤과 무예의 상관성

고대[14]인들의 중요한 관심은 생존 자체에 있었다. 극한 자연환경 속에서 자연재해를 피하고 전쟁에서 승리해야만 하는 종족보존 역시 중요한 과제였다. 따라서 어떤 민족이나 국가든 문화가 있는 곳에는 무예가 존재할 수밖에 없었을 것이다. 한국은 오랜 문화전통을 가졌고 상무적 기질의 민족인 만큼 고대사회로부터 무예 사상이 발달해 왔음을 역사가 증명하고 있다.[15]

　우리의 무예 사상을 크게 3기로 나누어 요약하면, 제1기는 고구려와 그 이전의 촌락 국가시대로 그 덕목으로 무용武

14　동서양을 막론하고 중세 이전의 무용에 관한 사료(史料)는 벽화 같은 단편적인 기록이 전부였다. 근대에 이르러 정재무도홀기(呈才舞圖笏記)나 라반로테이션(Lavanotion/舞譜)이라는 무용기록법이 생겨났으며 이때부터 비로소 무용의 형식을 어느 정도 유추할 수 있었다. 따라서 과거의 춤을 이해 하기위해서는 그 시대의 문화·경제·사회·사상뿐만 아니라 신분에 따른 생활상까지도 중요한 단서로 활용되었고, 대부분의 나라에서 무용이 독립학문이 아니라 인류학이나 체육·연극·인문·철학·미디어 등과 함께 공동과목으로 개설되어있는 이유도 이 때문일 것이다.

15　이용복, 앞의 책, 334~339면.

勇·예양禮讓·충의忠義를 들고 있다. 한국의 고대국가에서는 농경 정착생활에서 자연히 집단적 협동심이 발달하고 예양의 정신이 길러졌다. 예의는 국가생활에서 협동의 근원이 되고 사회적 관계에서는 자비와 겸양, 평화 지향의 공덕이었다. 충의는 『사기史記』에 나타나는 것처럼 '타인의 곤란을 보면 죽음을 던져서 구한다.'라는 뜻으로 충의는 도덕의 본원으로서 의협심을 행하기 위하여 자기의 전부를 희생하는 것이다.

제2기는 고구려, 백제, 신라가 정립된 삼국시대로 충忠·효孝·신信·용勇·인仁의 다섯 가지 덕목이 중요했던 시기다. 이 덕목들은 원광법사가 전수한 세속오계인 사군이충事君以忠·사친이효事親以孝·교유이신交友以信·임전무퇴臨戰無退·살생유택殺生有擇 등과 동일한 의미가 있다. 이 오계는 귀산과 추항, 두 화랑에게 전수된 계명이지만 당시 사람들의 보편적인 수신修身 사상이었다. 화랑의 활동과 사상은 제천의식과 마찬가지로 실사회의 행복을 구하여 부족과 국가를 보익하는 것이다. 이와 같은 무예 사상은 비단 화랑이 아니더라도 당시 고구려, 백제 등의 무사들도 공통으로 가지고 있던 것이다.

제3기는 신라 말기 이후부터 조선시대까지로 효孝·충忠·예禮·신信·경敬·성誠의 여섯 가지 덕목이 중요했던 때이다. 이 시기는 유학이 국민교화의 기본이 되어 사상과 정신을 지배하였다. 한국의 무예 사상은 상고에는 무용武勇이 주를 이루다가 차츰 충효忠孝와 같은 객관적 공동체에 대한 책임의식이 강조되고 있음을 알 수 있으며, 말기에 가서는 무용이 배척되는 대신 군사부일체君師父一體, 혹은 붕우유신朋友有信 등과 같은 유기적 관계에 대한 책임을 강조하고 정수적 덕목이 부각되고 있다.[16] 상무 무용에 관한 문헌 『오경통의五經通義』를 보면 "동이지악일리지모무조시생야 (東夷之樂日離持矛舞助時生也)."라고 나와 있는데 이것은 우리나라의 고대 동이족들이 창을 가지고 춤추었음을 말해주는 것으로 이때의 춤은 수렵·전쟁 시 시행한 단합 목적의 상무 무용으로 추측된다.

단재 신채호의 『조선상고사』에 고구려 전성시대의 무사들이 연마한 무예의 종목에 대해 '혹 칼로 춤추며 혹 활도 쏘며 혹 깨금질도 하며 혹 택견도 하며 혹 강물을 깨고 물속에 들어가 물싸움도 하며 또한 가무를 연하여 그 미악을 보며'로 나와 있는 것으로 보아 무용이 무사들의 훈련에서 상예로 집단 시행되었음을 알 수 있다. '신라도 외부 침략에 대처하기 위해서 무력 강화와 인재양성의 두 목적을 두고 화랑 제도를 만들어 소년 시절부터 귀족 자제들을 입단시켜 심신 수양을 시켰는데, 화랑들의 교육내용을 보면 글과 무술을 조직적으로 학습 받았으며 애국적인 상무적 가무를 하였다[17].'고 기록하고 있다. 화랑도의 정신은 신라인만의 것이 아니다. 그것은 민족적으로

---

16   이용복, 앞의 책, 1990, 335면.

17   임재해, 앞의 책, 417면.

오랫동안 지녀온 우리 민족의 고유한 전통사상을 바탕으로 한 것이다. 다만 신라인들에 의하여 사상적으로 더욱 가다듬어졌으며 나아가 제도·운영 면에서 국가적인 차원으로 크게 발전하였다.

화랑도의 제도는 지知·덕德·체體의 연마라는 교육적 기능과 인재의 발굴 및 양성이라는 기능을 동시에 수행함으로써 신라인의 사회와 정치의 발전에 기여하였으며, 화랑이 노래와 음악으로 즐기고, 유명한 산과 큰 강을 유람하던 수양 방법은 고대의 제천행사에서 필수적으로 따르던 노래와 춤, 산악숭배와 밀접하다.[18] 우리나라 예술가들 또한 작품을 창작할 때 정신수양으로 도道를 닦는 사례가 있다. 도공들이나 화가들, 서예가 그리고 창우나 기녀들에게도 나름대로 정신수양과 예도藝道가 있었다. 기녀들은 가무악歌舞樂을 배울 때 창우들에게 엄한 교육을 받았고, 이들은 가무악 이외에도 교양을 높이기 위하여 예법과 문학을 익혔으며, 한편으로는 서예와 그림을 그리는 등 예와 도를 닦았다.

지금도 승려들은 제식에서 작법춤作法舞을 추는데, 이 춤은 부처님께 공양드리는 것과 승려 스스로의 불도를 걷는 정신수양의 뜻이 있었으며, 조선왕조는 유교 정치의 이념 아래

---

18   한국철학사상연구회, 『한국철학』, 예문서원, 1996, 417면.

춤을 예악으로 중요시했다. 이처럼 우리나라의 전통예술이나 춤에는 예도가 있다[19]. 따라서 우리 춤을 바라보는 한국인의 눈은 그 춤에 나타난 기교를 보는 것 못지않게 그 춤 속에 담겨 있는 정신을 중요하게 생각해야 한다. 이것은 재주와 덕망의 겸비를 인격도야의 목표로 삼았던 화랑도 정신과 선비들의 인격론과도 관계가 있다고 본다. 그러므로 춤과 무예는 사람이 몸으로 움직이는 몸짓이라는 큰 테두리 안에서는 공통되는 분야이지만 그 추구하는 목적이나 방법에 있어서는 독자적인 전문성이 있는 독립적인 분야로 보아야 한다.[20]

근래에 무술이 무용화되어 시연되는 것을 자주 보게 되는데 이것은 무술의 형식이 지니고 있는 예술성에 착안한 것으로 보인다. 그러나 무술의 형식이 진정한 예술로 승화되려면 자신과의 혹독한 싸움에서 얻어지는 도양된 정신과 숙달된 신체와 연마된 기술이 있어야 한다. 기技의 완성 없는 무술의 예술화(무용화)는 무술의 본질을 손상시킬 수 있으므로 주의해야 할 일이다. 특히 택견의 본때는 그 동작의 부드러움과 곡선미, 율동성이 한국 전통 춤사위와 유사하므로 무술의 본성을 오해받기 쉽다. 최근 유수한 학자들이 춤의 영역에서 택견을 연구대상으로 삼고 있다. 택견의 본때 뵈기가 있고, 몸짓으로

---

19   정병호, 「한국 전통춤의 몇 가지 특징」, 한국춤 100년 창작춤 연구심포지움, 1999.

20   한무, 『처용무의 보법에 관하여』, 처용연구, 1987, 66면.

감정과 의지를 나타내는 점에서 택견은 일종의 춤일 수도 있을 것이다. 그리고 택견의 고대 자료로 자주 이용되는 삼실총三室塚의 '장사도壯士圖'등의 모습은 경기장면이 아니라 무사들의 춤일 가능성이 크다.[21] 이처럼 전통춤과 무예 속에 나타난 사상을 토대로 우리가 쌓는 수련의 의미는 건전한 하늘의 움직임을 쉼 없이 따라가는 공부, 수련을 통하여 우리의 삶과 정서가 담긴 몸짓을 창조해 나가는 것이 궁극적인 목표가 되어야 한다.

---

21   이용복, 앞의 책, 291면.

전통무예의 춤 언어 환치換置 가능성

흔히 한국 전통춤을 상체 위주의 춤이라고 한다. 겹겹이 쌓인 치마로 인하여 드러나지 않은 하체 움직임에 비해 확연하게 드러난 상체의 움직임은 연희자(무용수)와 관객이 수평적 위치에 있으므로 더욱 강조되고 돋보일 수밖에 없었을 것이다. 특히 예를 중시하는 우리 조상들은 치마 속에 숨겨진 하체 동작을 독자적인 춤 언어가 아닌 상체 움직임의 보조적 역할로 인식했다. 이는 조선 시대에 유교를 숭상하면서 더욱 심화되었을 것이다.

한국춤에서 상체 움직임의 발달요인은 상고시대부터 모든 자연에 정령이 존재한다고 믿고 생명과 재산을 보호하고 경제생활을 풍요롭게 하기 위한 제천의식의 서술적 표현으로부터 비롯됐다. 이는 영적인 면을 강조하여 종교적인 측면에서 기도하고 갈구하는 선禪의 자세로 내향성內向性의 발전을 이루었다. 영적인 표현은 완만한 곡선 위에 유동적인 동작들이 절제된 움직임 '정靜·중中·동動'으로 나타났고, 유교의 영향을 받아 예법을 중요시하여 의상에서도 일반사람들은 물론 무원舞員의 무복舞服도 폭이 넓고 길이가 긴 치마를 입었다. 치마 속에 감추어진 하체의 움직임은 상체 움직임의 안정을 도와주는 보조 역할로 인식되어 하체 움직임의 중요성을 인식하지 못하였다. 특히 연희 장소가 평면 공간(마당, 뜰)인 경우가 많아 연희자가 관객과 수평적 위치에 있어 상체표현이 더 강조될 수밖에 없었을 것이다.

그러나 한편으로 한국 전통춤에 나타난 보형步型과 보법步法은 하체 움직임을 축소해 몸의 균형을 유지하고 하단전에 힘을 축적하는 데 용이하며, 굴신의 크기에 따라 상체의 가동성 범위를 결정하는 중요한 역할을 한다고 알려졌다. 전통무예인 택견에서 나타나는 보형과 보법 역시 공격과 방어의 기본자세로 복합적인 동작이라고 할 수 있으며, 택견의 품밟기는 강한 리듬성을 바탕으로 밟기와 누르기를 통해 모은 힘을 비틀림으로 전이하는 등, 힘의 운용원리와 삼분박이라는 리듬성을 가져 한국 전통춤과 유사한 특징을 갖는다고 할 수 있다.

넓은 의미에서 동양예술과 무예는 자기수련을 통한 인격완성을 궁극적인 목표로 하고 있으며, 신체 기능적인 측면에서는 대부분 발을 들 때 하단전 이상의 높이로 들지 않는다. 무릎을 굽혀 다리를 끌어올리는 동작을 발바치 또는 발바딧무라고 하는데, 이는 몸 전체 힘의 흐름을 자연스럽게 하는 것이며, 전통무예에서는 하단전 이상의 높이로 다리를 들어 올릴 때는 반드시 제기차기(발바치, 발바딧무)를 거쳐서 발질로 이행됨을 알 수 있다.

　이처럼 제기차기는 공격과 방어의 기본자세이며 가동성
의 범위를 축소해 몸의 균형을 유지하고 힘을 축적하는 중요
한 수단이 된다. 이를 통하여 힘의 흐름을 완만하게 하고 몸의
무리를 최소화하는 자연스러운 움직임의 형태가 완성되는 것
이다. 한국춤에는 춤추는 동안 하체에 내재된 음률로 리듬을
싣고 있으므로 다리를 완전히 뻗고 있는 동작은 거의 없다.

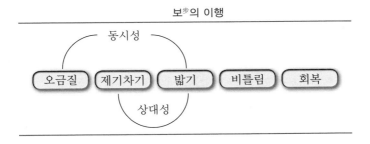

보^步의 이행

특히 전통춤과 무예에서 나타나지 않은 하체 움직임은
'뻗는 동작'으로, 전통무예인 택견에서는 무릎을 굽혀서 끌어
올린 다리에 순간적인 힘을 실어 차는 공격기이다. 무릎을 굽
혀 끌어올리는 발바치 또는 제기차기는 뻗기 전 동작으로 공
격과 방어의 기본자세이며 무리하게 근육과 관절을 사용하지
않는 자연스러운 몸의 움직임으로 근육 활동에서 생겨나는 역
작용을 해소해 줌과 동시에 속도를 내는 원동력이 된다. 그뿐

만 아니라 물이 흐르듯이 순리적인 힘의 이동은 체중을 차는 발에 실을 수 있어서 질량을 가중시킨다. 즉, 부드러우면서 자연스럽고 곡선적인 움직임은 속도와 질량을 증가시키는 과학적이고 합리적인 동작이 되는 것이다.

이처럼 한국 전통춤과 무예에서 나타난 것과 같이 사람의 몸짓 가운데 가장 중요한 위치를 차지하고 있는 것이 보법이며, 보법은 모든 힘을 축적하고 사용하는 비결이며 손의 모양을 결정해주는 기초 인자이다. 따라서 하체 움직임에 따라 상체 움직임의 질량과 가동성의 범위가 결정되며, 허리의 비틀림과 중심의 이동, 다리의 굴신력 등 제반의 몸놀림이 조화를 이루어야 효율적인 움직임이 비로소 가능한 것이다. 한국 전통춤에서도 보법은 중요한 기능과 역할을 수행하지만 한국춤에 있어서는 상체의 서술적 표현의 보조수단으로 그 기능이 축소되어 외적으로 드러나지 않았을 뿐이다.

하체 움직임의 가동성 범위 확장에 초점을 두고 전통춤과 무예의 하체 동작을 연구한 결과, 그동안 우리가 창의적인 춤 언어 개발에 능동적으로 대처하는 데 부족하였고, 하체 움직임의 차용이 빈번하게 이루어지고 있는 창작 춤의 표현적 한계를 극복하기 위한 방향 제시를 제대로 하지 못하였음이 드러났다. 하지만 한국춤의 사상적 기반과 보법의 이행과정이 유사한 택견의 하체 동작을 통하여 신체 기능적 특징인 오금질(굴신), 제기차기(발바치, 발바딧무), 밟기(누르기), 비틀림과 무예에서 빈번하게 사용되는 발질(앞뒤, 좌우, 뛰고 돌려차기)을 응용하여 표현영역과 하체 동작의 가동성 범위 확장을 위한 춤 언어화의 가능성이 충분하다고 본다.

앞으로 객관적인 평가를 위한 구체적인 하체 동작의 운용 기준을 탐색하고, 한국 창작춤의 표현영역확장을 위하여 한국 전통춤과 전통무예인 택견에서 나타난 하체 움직임의 다양한 방법을 제시하여 하체 움직임이 독자적인 춤 언어로 인식되도록 해야 할 것이다.

한국 전통춤은 상체 위주의 춤인가?

상고시대上古時代부터 우리 민족은 모든 자연에 정령이 존재한다고 믿고 생명과 재산을 보호하고 경제생활을 풍요롭게 하기 위한 제천의식의 서술적 표현으로 영적인 면을 강조하였다. 종교적인 측면에서 기도하고 갈구하는 선禪의 자세로 내향성의 발전을 이루었으며, 유교의 영향을 받아 예법을 중시하였다. 의상에서도 일반사람들은 물론 무원의 무복도 폭이 넓고 길이가 긴 치마를 입어 치마 속에 감추어진 하체의 움직임은 상체 움직임의 안정을 도와주는 보조 역할로 인식되었다.

하체 동작보다 상체 동작은 서술적 기능을 수행하는 빈도가 높고, 실제 생활에서도 무언의 언어로서 탁월하게 기능한다는 사실에 비추어 상체 위주의 춤 형태는 종교적 상징성과 농경사회 생활의 정태적인 특징을 지니고 있었다. 그뿐만 아니라 연희가 이루어지는 무대인 뜰과 마당은 연희자가 관객과 수평적 위치에 있어 상체표현이 더 중요하게 강조되었다고 볼 수 있다. 그러나 한국 전통춤은 전통무예인 택견과 더불어 보형과 보법을 통해 상체 움직임의 보조역할로의 제한된 기능이 아니라, 움직임의 질감을 결정짓는 중요한 기능과 역할을 한다. 한국춤을 배울 때 가장 중요한 요소로 줄기동작(다리·허리·머리 동작)과 하체 움직임을 먼저 분석해야 한다고 강조하고 있는데 그 내용을 살펴보면 다음과 같다.

첫째, 몸에 무리가 가지 않도록 자연스러운 자세로 움직여야 한다. 둘째, 하단전에 힘을 응축하고 전체 근육에는 힘을 무리하게 주지 말아야 한다. 셋째, 춤을 출 때는 몸과 마음이 함께 움직여야 한다. 넷째, 손과 발 또는 어깨만을 움직일 때라도 전신을 사용해야 한다. 다섯째, 상체 움직임과 굴신, 발바치, 디딤을 동시에 할 때라도 연속적(흐름)으로 수행해야 한다. 여섯째, 춤을 독습獨習하려고 하면 보법을 먼저 익히고 상체를 실행해야 한다. 일곱째, 호흡을 통해 신체의 확장과 이완을 자연스럽게 할 수 있어야 하며, 동시에 강약 조절을 원활히 수행할 수 있어야 한다. 여덟째, 하체 움직임의 크기에 따라 상체 움직임의 크기가 결정되어야 한다.[22]

22   김천흥, 「한국무용의 기본무용」, 문화재보고서 제14호, 1969.

보형과 보법의 비교

	보형	보법
1	양다리가 일정한 규격에 따라 형성된 모양	걸음을 옮기는 일정한 규칙과 방향에 다라 전환하는 방법
2	정精적인 상태	동動적인 상태
3	하체가 고정된 자세	퇴부腿部가 변환하는 동장

　　보형과 보법은 춤과 무예에 있어 동작을 완성하는 중요한 구성 요소로 사람의 몸짓 가운데 가장 중요한 위치를 차지하고 있다. 보법은 걸음과 자세 두 가지를 한꺼번에 포함하고 있는데, 모든 힘을 축적하고 사용하는 비결이며 손을 움직이게 해주고 손 모양을 결정해 주는 기초 인자이다. 보법은 춤과 무예에서 나무의 뿌리에 비유되고, 허리와 척추와 머리는 줄기에 비유되며, 팔은 가지에 비유되고, 손은 잎이나 꽃에 비유된다. 보법에 의하여 허리 놀림이 결정되고 허리와 이어지는 머리의 중심선에 따라 팔놀림이 결정된다. 그래서 일반적으로 '다리에서 허리를 통하여 머리로'라고 한다.[23]

　　팔이나 손은 허리와 머리 사이에서 어깨를 통하여 가지

23　한무, 앞의 책, 68면.

를 친 개념이다. 그래서 춤과 무예에서 동작을 파악할 때 팔이나 손의 움직임은 곁가지로 취급하여 본질적인 동작 파악에서는 가능한 제외한다. 동작에 있어서 팔이나 손의 동작을 제외하면 별로 볼 것도 없고 싱거울 것이다. 물론 사람의 동작 중에서 가장 잘 보이고 쓸모 있는 것이 팔이나 손의 동작이라는 데는 이견이 있을 수도 있다. 다리에서 허리를 통하여 머리로 이어지는 일련의 줄기동작은 억지로 꾸며서 만들기 어렵지만 손이나 팔의 동작은 줄기동작과 상관없이 작위적으로 만들기에 큰 어려움이 없다. 그러한 연유로 동작을 파악하는 관점을 다리, 허리, 머리의 3요소인 줄기동작에 두고 그중에서 최초의 요인인 다리의 움직임, 즉 보법을 제일 중요시한다.

처용무의 몸짓이 무게 있고 절도 있으며 힘찬 이유는 보법이나 손놀림에서 대부분의 동작이 줄기동작을 취하고 있는 전통무예의 기본을 따르고 있으며, 손놀림은 억지로 꾸밈이 없어 몸 전체의 흐름에서 저절로 나오는 힘찬 동작이기 때문이다. 대부분의 한국 전통무용의 기본에는 처용무와 같은 요소가 밑바탕에 깊숙이 깔려있다고 생각한다. 그러나 이러한 요소들이 힘을 바탕으로 하지 않고 부드러운 선線만을 강조한다면, 근본을 잃고 가늘고 나약한 동작으로 변해버릴 것이다. 그러므로 우리의 전통무용이 쉽게 빠져들기 쉬운 함정인 부드럽고 나약한 동작의 홍수 속에서 의연하고 당당하게 기상을 지켜온 처용무의 품격은 매우 소중하다.

이처럼 한국 전통춤에 있어 하체의 움직임은 강한 리듬과 하체 움직임의 크기에 따라 상체 움직임의 가동성 범위와 움직임의 폭이 결정되며, 내재된 음률로 춤추는 동안 하체에 리듬을 싣고 있으므로 다리를 완전히 뻗고 있는 동작은 거의 없다. 다시 말해서 춤과 무예에서 나타난 것과 같이 사람의 몸짓 가운데 가장 중요한 위치를 차지하고 있는 것이 보법이며, 보법은 모든 힘을 축적하고 사용하는 비결이며, 손의 모양을 결정해주는 기초인자이다.[24] 그러므로 하체 움직임에 따라 상체 움직임의 질량과 가동성의 범위가 결정되고, 중심의 이동과 다리의 굴신 등 제반 몸놀림이 조화를 이루어야 효율적인 움직임이 가능하다.

24　한무, 앞의 책, 1987, 68면.

한국 전통춤에서 곡선의 의미

동양인의 사상과 삶을 지배해온 대표적 사상체계인 『주역周易』의 음양오행陰陽五行은 동양춤에 있어서 사상적 뿌리이자 수행 원리의 원천이라고 할 수 있다. 이는 고대로부터 형성되어온 인간, 자연 및 우주에 관한 사유와 생활경험 속의 세계관으로 구축된 것이다. 생활을 반영하는 대상으로서의 음양오행은 역으로 생활로부터 귀납되었던 모든 것을 연역해내기 시작하였다. 즉, 자연세계의 추론과 통찰적 계측이 이 체계로부터 나왔고, 거대한 우주와 미세한 생물구조가 이 원리체계로부터 나왔다. 그것은 천문, 지리, 역법, 기상, 의술, 음률, 문자, 제도, 역사에 이르기까지 세계에 대한 궁금증을 푸는 열쇠였다.[25]

여기서 말하는 『주역』은 변화에 관한 학문이다. 천지·자연도 변화하고 있으며, 인간사회도 변화하고 있다. 그러므로 천지변화의 도道를 따르는 것이 역易의 핵심이며, 천지 변화의

---

25 양계초·풍우란, 『음양오행설의 연구』, 신진서원, 1993, 8면.

도를 표현하는 것이 예술이라고 할 수 있다.[26] 『주역』이 이해하고 있는 이 변화의 체계는 순환적 시간관으로 사물이 궁극에 이르면 반드시 되돌아온다는 '물극필반物極必反'이라는 말로 함축할 수 있다. 물극필반은 '천지天地'의 시간 운용방식이며, 시간의 의미는 사멸하는 것이 아니라 끊임없이 생성해내는 데 있다.[27] 여기에서 물극필반의 의미는 크게 보면 음양 이기二氣의 순환이다. 그래서 물극필반은 순환적 시간관이라고 말할수 있다. 여기에서 순환은 음양 이기의 교감에 의해 사물을 생성하는 순환이다. 그래서 물극필반의 시간 인식은 생생生生하는 세계의 구현이라는 『주역』의 이상理想에서 볼 때 당연한 귀결이라고 할 수 있다.[28] 다시 말해서 역易에서 말하는 시간이란 만물을 생성하는 근원적 기운으로서의 천지와 인간의 유기적 관계를 통해 생동하는 변화의 체계이며, 물극필반은 천지가 만물을 이끌어가는 변화의 구조이다.

그 구조를 분석해 보면 시종時終으로서 극은 전환을 의미하며, 그 전환의 근거는 만물이 유기적인 관계에 있다는 것에 바탕 한다.[29] 이런 시간의 개념을 구체적으로 세분화해 보면,

---

26   수산 신성수, 「『周易』藝術」, 우리춤 연구소 세미나 자료집, 2010, 15면.

27   『周易』「繫辭傳」下 第1章. 天地之大德曰生.

28   하창환, 「『周易』의 時間觀研究」, 영남대학교 대학원 박사학위논문, 1998, 76면.

29   하창환, 위의 논문, 116~117면.

'역이 궁극에 이르면 변하고, 변하게 되면 통하고, 통하게 되면 오래 하게 된다.'[30]는 것으로 풀이된다. "가기만 하고서 돌아오지 않은 것은 없다."라는 의미 역시 『주역』의 시간 구조를 나타내는데 『주역』의 64괘 중 미제괘未濟卦[31]에서 보듯 시작과 끝이 탄생과 죽음처럼 단절을 의미하는 것이 아니라, 미완의 종지終止는 또 다른 시작이라는 것을 의미하고 있다. 『주역』「계사전繫辭傳」에서 "한 번 음이 되고 한 번 양이 되는 것을 도라고 이른다."라고 했을 때 그것은 하나의 음이 끝나고 나서 다시 하나의 양이 시작되는 것을 의미하는 것이 아니라, 음이 소진한다는 것은 양이 불어난다는 것이며, 양이 소진한다는 것은 음이 불어난다는 것을 의미한다.

이처럼 『주역』은 자연의 변화원리와 그 속성을 음과 양이라는 기운의 양상으로 표현하고 있으며, 지구가 자전하고 공

---

30 『周易』,「繫辭傳」下 第2章. 易窮則變, 變則通, 通則久.

31 未濟 (火水未濟: 유전은 멈추지 않는다.) 기제괘旣濟卦는 완성미의 상징이었다. 그러나 易은 거기서 끝나지 않는다. 완성으로 끝난다면 易(변화)이 아니다. 완성 또한 유전의 한 모습인 것이다. "처음은 길하고 마지막은 흩어진다(旣濟)." 그 혼란 속에 위험과 곤란(감坎)을 무릅쓰고 광명(리離)을 구하는 것이 이 괘이다. 좌절도 있고 고통 도 많다. 해야 할 일들이 계속 닥친다. 그것을 단숨에 처리하려 들지 말고 끈질기고 차근차근하게 대처해 나아가야 한다. 각 효는 정위正位를 떠나 있지만 모두 바로 응하고 있다. 일치·협력하여 난관을 뚫고 나아가는 것이 중요하다. 그것이 가능하면 강건剛健의 기가 흘러넘쳐서 건乾으로 돌아오는 것이다. (노태준 역, 『주역』, 홍신문화사, 1996, 212~213면.)

전하면서 나타나는 음양작용은 근원적 음양과 현상적 음양으로 파악할 수 있다. 근원적 음양은 태극에 내재되어 있는 음양의 원리로 지구의 공전주기로 보면 한겨울 동지冬至[32]에 양의 기운이 생生하므로 1년으로 보면 동지에서 하지夏至까지는 양, 하지 이후에서 동지 전까지는 음이며, 지구의 자전주기로 보면 한밤중 자시子時에 양의 기운이 생하기 시작하는데, 이것은 천지자연의 기운을 바탕으로 한 근원적 음양이라고 한다. 즉 근원적 음양에서는 동지가 1년의 시작이며, 자시가 하루의 시작인 셈이다.

동양에서는 우주 만물이 하나라는 사고에 따라 춤을 우주와 인간 마음의 조화를 표현하는 예술로 생각하였다. 천인합일天人合一 내지는 천인감응天人感應의 사상에 기초해 기氣를 통해 천天과 인人을 소통시키고 하늘과 인간이 서로 감응하여 만물을 변화시키고 사회에 영향을 미친다고 생각했다. 그러므로 진정한 춤은 자신의 마음과 품격을 갈고 닦아 격을 높이고, 천지의 원리를 표현하는 경지에 이르는 춤이다. 이러한 춤은 외형적이고 시각적인 관찰의 대상이 아니라 내면과 마음의 품

---

32 동지는 24절기의 하나이다. 일 년 중 밤이 가장 길고 낮이 가장 짧은 날로 음력 11월 중에 있다. 동지부터 태양이 점점 오래 머물게 되어, 동지를 한해의 시작으로 보고 새 달력을 만든다. 동지를 태양이 죽음으로부터 부활하는 날로 생각하고, 축제를 벌여 태양신에 제사를 올리는 까닭에 작은 설이라고도 한다.

격, 혹은 정신성을 읽어낼 수 있는 대상이다. 따라서 동양의 춤은 자연의 연장으로서 자연 중심적이라고 할 수 있다.[33] 우주를 포함한 자연의 눈으로 춤을 볼 때 움직임은 단지 인간의 몸을 스쳐 지나가는 기의 임시적인 덩어리일 따름이며, 그것은 유동적이고 항상 움직이며 동시에 전체적인 것이다.

그러므로 전체 흐름에서 하나의 움직임을 떼어내어 정지된 상태에서 분석하는 것은 우리 춤의 참된 본질을 훼손하는 결과를 낳을 것이다. 그러므로 움직임의 접근 방식도 자연의 관점과 같이 변화[易]의 관점에서 이루어져야 한다.[34] 그러므로 한국 전통춤의 구조는 모방설[35]에 근거한 곡선적인 형태뿐만 아니라 국악에서 못갖춘마디로 시작하여 못갖춘맺춤으로 종결되는 음악적 구조와 농현弄絃[36]과도 유사하다. 이처럼 우리 춤의 구조는 완성이나 맺음이 없는, 우주의 운행원리와 같이 쉼 없이[정精·중中·동動] 이어지는 흐름 또는 선율로, 곡선적인 형태의 춤사위에는 동양사상이 적극적으로 수용·반영되어 표출되고 있음을 알 수 있다.

---

33 김말복, 앞의 논문, 26면.
34 김말복, 위의 논문, 22~25면.
35 구불구불한 산새와 강, 기와지붕의 처마와 초가지붕의 둥근 선, 한복의 소매와 버선의 모양새가 곡선이기 때문이라는 설說.
36 농현 : 음과 음 사이의 빈 시간, 공간을 채워 주는 역할을 해서, 음을 흔들어 물결과 같은 파동을 얻는 기법이다.

한국 전통춤의 사상적 근원

우리 민족은 상고시대에 자연물인 일日·월月·성星·신宸과 산山·천川·수樹·목木 등을 숭배하고 다신교多神敎를 주장하여 생활의 도구로 이용했다. 경제생활을 풍요롭게 해주는 자연물뿐만 아니라 질풍疾風·신뢰迅雷·폭우暴雨 등과 같이 농작물의 성장을 방해하고 인간의 생명을 앗아가기도 하는 자연현상 등 모든 자연에 정령精靈이 존재한다고 생각하였다. 이러한 생각으로부터 자연물에 대한 숭배의 관념이 생겨나고 제사의 관념이 싹트게 되었으며, 생명에 위험을 주는 질병과 사망은 사람들에게 공포심을 주는, 해결할 수 없는 중대한 문제로 인식되었다. 그 당시 사람들에게는 영혼이 떠돌다 인간에게 붙어 질병을 일으켜 사망하게 된다는 사고가 굳어져 갔는데, 이러한 사고에서 주술呪術과 무축巫祝, 그리고 가무의식歌舞儀式이 발생했다. 이처럼 자연은 해·달·별·산·나무·돌에 이르기까지 신앙의 대상이었으며, 당시 불교와 유교, 도교 사상이 사람들의 사고를 지배하였다.

서양의 사상으로 고대 그리스를 발상지로 하는 시론詩論 사상이 대표적이라면, 동양에서는 중국의 악론樂論이 20세기까지 사상의 주류를 이루어왔다. 궁중춤은 이러한 사상을 기반으로 하고, 국가제도의 구축을 위해 받아들인 엄격한 유교의 윤리관이 적용되어 무용수의 움직임부터 의상에까지 특별한 상징체계가 적용되게 되었다. 그 상징체계를 적용한 궁중춤의 무형은 마치 오늘날 컴퓨터로 그린 기하학적 도형 같아 보인다.[37] 궁중춤의 하나인 처용무를 보더라도 조선시대에 들어서는 무용수마다 적색 가면을 쓰고, 특별한 빛깔의 의상을 입고, 방위에 따른 특별한 상징성[38]을 가진 일자형이나 정방형 등의 엄격한 대형을 지으며 근엄하고 무게 있게 움직여 나감을 보게 된다.

　　처용무를 비롯한 고려·조선 시대의 많은 궁중춤에 엄격한 방향감각과 대칭성, 극도로 절제된 움직임 등이 반영되는 것은 궁중에서의 춤이 놀이보다는 의식의 한 방편으로, 왕의 권위를 높여 주는 방법으로 더 사용되었기 때문일 것이다.[39] 정재의 일반적인 특징을 몇 가지 살펴보면, 정재는 주제에 있

37　김태원, 「한국춤의 특성과 현대적 변모」, 무용저널 제11호, 한국 평가론회, 1996, 47면.

38　中央-黃, 東-靑, 西-白, 南-赤, 北-黑.

39　성경린, 『한국전통무용』, 일지사, 1979, 16면.

어 개인의 감정이나 정서의 표현이 강조되지 않고 조정朝廷의 공덕을 칭송하고 군왕의 송수와 국가의 안태를 기원하는 내용으로 되어있다. 개개의 작품이 독창성을 초월해서 민족적 경향과 성격을 지니며, 구성 자체가 음양오행 등 동양철학 사상에 기초하여 이루어졌다. 특히 무태에 있어서는 정중하고 느리며 깊이 있게 구사되는 점이 특징이다.

도교사상은 민간신앙을 기반으로 노장사상, 역리, 음양, 오행, 참위, 의술, 점성, 불교, 유교 사상까지 받아들인 사상이며, 자연적인 무위사상無爲思想이다. 예藝 또한 도道로 생각하고, 수련을 통해 욕망과 자기중심적인 본능을 버리고 정신적 선의 경지에 이르러 해탈을 이루는 것을 예술의 최고 경지로 보았다. 그리하여 춤도 무작위無作爲와 무기교無技巧의 꾸미지 않은 그대로 파악하고 재현하려는 철저한 자연운동 중심이 된다. 따라서 한국 춤은 기技와 도道의 결합으로 이루어진다.[40] 그리고 기보다는 도를 춤으로 풀어가려는 정신이 농후하다. 예술품을 바라보는 눈도 작품의 겉에 나타난 기교를 취하는 것이 아니라 그 뒤에 숨어 있는 정신을 보고자 한다. 그것은 우리 민족의 심성에 철학적 바탕이 되는 천지天地와 합일合一하려는 고유의 우주관과 유교, 불교, 도교의 사상이 스며있는 까

---

40 정은혜, 「처용무의 동양사상적 분석을 통한 무의 연구」, 경희대학교 대학원 박사학위논문, 1995, 166면.

닭이다. 그리고 이는 외형적인 아름다움이나 감각적인 미보다는 내면적인 심성의 미를 중시하기 때문이다.

그러므로 한국인의 미美와 예술의 현상은 재才와 덕德의 겸비를 인격도야의 목표로 생각하였던 사고와 결부해 생각할 수 있다. 동양인의 인격론에 의하면 재덕才德을 겸비한 사람을 성인聖人이라 하고, 덕과 재가 그에 미치지 못하는 사람을 군자君子라 하고, 재가 뛰어나고 덕이 그에 미치지 못하여 이를 좇아 처세하는 사람을 소인小人이라 하였으며, 재주도 덕도 없는 사람을 우인愚人이라 하는데, 성인이나 군자가 될 수 없다면 소인이 되느니 우인 즉, 바보가 되는 것이 낫다고 보았다. 이로 미루어 볼 때 동양인이 얼마나 정신을 중요시하였는가를 알 수 있다. 또한, 우리의 감정적 저변을 보면 자신을 드러내지 않는 은둔적 성향과 되도록 전체를 감상하고 윤곽을 흐리는 중화적인 은근미가 두드러진다.

그래서 감정을 다 드러내지 않는 군자적 품성의 발현이자 해탈적 인생관의 구체화를 통해 우리 춤은 동작의 무게를 지닌 은근성과 내면적內面的 정수精髓를 지니는 춤으로만 이루어지는 것이 아니라 욕망과 본능을 버리고자 하는 정신적 선의 경지를 이룬다는 것을 보여준다. 그러므로 동작 하나하나에 이러한 정신이 깃들어 있어야만 비로소 한국춤이라 할 수 있다. 자연의 우주적 운행질서를 재현하는 한국춤은 동양화에서 말하는 기운생동氣韻生動의 골법骨法과 통하며, 이러한 우주적 정기는 감각기관으로서의 눈에 의한 것이 아니라 마음의 눈에 의한 것이다. 그러므로 한국춤에 있어 춤추는 이는 말할 것도 없고, 보는 이까지도 어떤 정신적 깊이에 도달해 있지 않고서는 제대로 출 수도 없고 제대로 향유할 수도 없다고 인식되었다.[41]

서구 무용이 선을 구사함에 있어 인체를 주체로 하여 해부학적이고 기하학적인 측면에서 외향성을 주로 강조하여 하체 기교의 발전을 요구했고, 강약의 표현에 있어서도 동적인 활발한 움직임으로 해결한 데 반하여, 한국무용은 육체보다 영적인 면을 강조하여 정신적, 종교적인 측면에서 기도하고 갈구하는 선의 자세로 내향성의 발전을 이루었다. 영적인 표현은 완만한 곡선 위에 유동적인 동작들이 억제된 움직임—정靜·중中·동動—으로 나타났으며,[42] 특히 의상에서도 일반사람은 물론 무원의 무복도 폭이 넓고 길이가 긴 치마를 입었고, 치마 속에 감추어진 하체의 움직임은 상체 움직임의 안정을 도와주는 보조 역할로 인식되었으며, 서구의 무용처럼 하체의 동적 기능의 발휘를 요구받지 않았다.

또한, 서구의 무대는 관객의 위쪽에 있어 무용수의 상체보다는 관객의 시각과 등거리인 하체의 표현이 중요하게 발달하였지만, 우리의 무대는 평면 공간(뜰·마당)으로 관객과 수평

---

41 정은혜, 앞의 논문, 167면.
42 성경린, 앞의 책, 13면.

적 위치에 있는 무용수의 상체 표현이 더 중요하게 강조되었다고 볼 수 있다. 우리 민속춤은 근본적으로 농경 사회에서 발전한 바탕 위에 기마 민족의 3박자 리듬이 채색되어 있다고 한다. 그래서 우리 춤 동작 형태와 동작 구사의 측면에는 기마 민족의 특징이 부분적으로 강하게 드러나며, 농경 사회적 특징은 동작 형태와 동작 구사의 측면에 그치지 않고, 더 나아가 춤의 목적이라는 정신적인 지향성 등에서 두루 나타난다. 그것은 당연히 우리 전통 사회가 동양의 농경 사회였다는 사실에 기초하고 있다.[43]

이러한 문화적인 배경을 지닌 우리 춤은 일반적으로 지각되기를 '하체보다 상체 위주의 춤'이다. 이는 우리 춤만의 특성이라기보다는 동양권 춤에서 전반적으로 드러나는 매우 중요한 현상이다. 하체 동작보다 상체 동작은 서술적 기능을 수행하는 빈도가 높고, 실제 생활에서도 상체 동작은 무언의 언어로 탁월하게 기능한다는 사실에 비추어 상체 위주의 춤 형태는 종교적 상징성과 농경사회 생활의 정태성을 특징으로 지니고 있다고 인식되었다.

---

43 김채현(1992), 「우리춤의 본질에 대하여. 한국춤 전통의 위상과 현대적 수용」, 제6회 전통문화학회 세미나, 한국문화재보존원 15면.

동양예술의 정신

서양의 학문과 사상이 아리스토텔레스Aristoteles로부터 비롯되었다면, 동양의 학문과 사상은 공자公子로부터 비롯된다고 하여도 과언이 아니다. 특히 공자사상은 동양의 전통사상 가운데 유가儒家 철학의 핵심을 이루고 있으며, 예악禮樂을 중심으로 하여 형성된 전통예술의 근저로써 철학사상을 논할 때도 공자사상은 그 핵심[44]을 이루고 있다. 공자의 철학을 담은 핵심은 『주역』의 경전이다. 역易은 점술에서 시작하여 사상, 경제, 문화, 예술, 천문 지리 등 모든 분야에 걸쳐 체계를 이룬 학문이다. 아울러 역은 유가의 최고의 경전이지만 도가道家의 철학과 실천적 의지를 담고 있으며, 시·공간의 정의는 불교의 정의와 일맥상통한다. 『주역』이 성립된 시기를 놓고 많은 논란이 있지만, 『주역』의 원형原型, 즉 현행본 『주역』으로 체계화되기 이전의 기초자료는 중국 고대 은殷나라의 제사祭祀와 점복占卜

---

44 신성수, 『周易 含有 純粹藝術精神』, 우리춤 연구 제7집, 도서출판 역락, 2008, 35면.

에 있다는 것은 공통적으로 인정하고 있다.[45]

제사와 점복은 고대사회에서 매우 중요한 행사였으며, 고대의 원시예술은 제사와 점복행위에 수반되어 탄생하였다고 할 수 있다.[46] 고대사회에서 일반적으로 행해졌던 제사와 점복은 궁극적으로 종교의식이었다는 점을 고려한다면, "신화가 그렇듯 원시예술 역시 종교적 충동의 표현"[47]이라고 할 수 있다. 『주역』의 괘사卦辭 효사爻辭가 고대 은나라와 주나라 시대의 상제上帝 제제와 그 맥을 같이 하고 있음을 알 수 있고, 또한 인격적 신神의 의미를 지닌 당시의 종교 주술적 세계관을 잘 반영하고 있음을 증명해 주고 있다.[48] 『주역』에 담겨있는 점복과 제사에 관한 내용은 사실 상호 간에 동떨어져 있는 것은 아니다.

제정일치라는 고대사회의 문화적 양상을 비추어 보면, 복서卜筮를 통한 신탁 행위는 제사와 밀접한 관련을 맺게 되고, 그 제사에는 또한 가무歌舞의 예술 행위가 수반되었다. 이렇게 본다면, 『주역』에 담긴 정신세계는 곧 원시 예술정신의 정화이

---

45 고회민, 숭실대학교 동양철학연구소 역, 『中國古代易學史』, 숭실대학교 출판부, 1990.

46 김일권, 『동양 천문사상 하늘의 역사』, 예문서원, 2007.

47 사라 알란 저, 오만종 역, 『거북의 비밀-중국인의 신화와 우주』, 예문서원, 2002, 202면.

48 김성기, 『주역』의 神人關係에 대한 해석학적 접근-周易과 韓國易學-』, 한국주역학회, 범양사, 1996, 52면.

기도 하다.[49] 『주역』의 '뇌지예雷地豫' 괘에 "상전象傳에 말하기를 우레가 땅 위로 나와 떨치는 것이 예豫의 기운이니, 선왕先王이 이러한 기운을 보고 음악을 짓고 덕을 숭상하여 성대하게 상제에게 제사를 올리고 조상을 배향하였다."[50]고 하였는데, 이는 고대사회에 음악이 종교와 밀접한 관계에 있음을 보여준다. 제사에는 의식이 있으며, 이러한 의식에는 음악과 무용이 수반되었고, 이는 후대에 가면서 예禮로 확립되어 갔다. 종교 제사의식에 음악과 무용이 필수적으로 수반되는 이유는 음악과 무용은 본래 사람을 감동시키는 힘이 있기 때문이며,[51] 『주역』에 내재된 예술정신을 순수종교예술로 파악하려는 의지를 엿볼 수 있다.[52]

따라서 오늘날 민속신앙이나 전통예술을 추구하는 예술인의 정신세계에는 『주역』에 함유된 순수예술정신이 살아 있다고 할 수 있고,[53] 동양사상을 집약해서 표현하면 '도道에 관한 원리'라고 할 수 있다.[54] 도는 항상 존재하는 하나의 변화유행變化流行하는 작용으로 우주를 이루고 만물을 낳고 하여 어디

---

49   신성수, 위의 책, 40~43면.

50   象曰, 雷出地奮, 豫, 先王以作樂崇德, 殷薦之上帝, 以配祖考.

51   서복관 저, 권덕주 외 역, 『중국예술정신, 1990, 29면.

52   신성수, 『周易通解』, 도서출판 대학서림, 2005, 50면.

53   신성수, 앞의 책, 58면.

54   유정기 편, 『東洋思想事典』, 우문당 출판사, 1면.

에 있지 않은 곳이 없다. 이른바 천지의 변화라는 것에 있어서 어느 것 하나 이 범위를 벗어나지 않고, 만물을 이루는 데 어떠한 것 하나도 남겨두지 않는다. 『주역』 「계사전」에서 말하는 '일음일양지위도一陰一陽之謂道'라는 구절에서 도의 유행流行은 '원도圓道'이며, 도는 만물 변화의 생성 법칙이라고 했다. 이것은 자연유행으로서의 도를 만물의 변화생성과 별개로 갈라서 볼 수 없다는 뜻일 것이다.[55]

노자老子와 장자莊子가 내세운 최고의 개념 역시 '도'이다. 이들의 목적은 정신상에서 도와 일체 되어야 한다는 '체도體道'인데, 이에 따라 '도덕 인생관'을 형성하고 도적道的 생활 태도를 견지함으로써 현실생활이 제대로 안정될 수 있도록 하는 데 있다. 부단한 노력을 거쳐 현실의 인생 속에서 도를 체득하여 인식할 수 있다면 노자와 장자가 말하는 도가 곧 최고의 예술정신임을 발견하게 된다.[56] 노자와 장자는 도를 우주를 창조해내는 기본 동력으로 여겼는데, 부단한 수양의 노력을 통해 이러한 도를 체득하고자 하는 과정은 바로 위대한 예술가의 수양과 노력이라고 할 수 있다.[57]

그러므로 춤을 우주의 조화와 인간 마음의 조화를 표현하

---

55 고희민·정병석 역, 『周易哲學의 理解』, 文藝出版社, 1995, 33~48면.
56 서복관 저, 권덕주 외 역, 위의 책, 78면.
57 서복관 저, 권덕주 외 역, 위의 책, 80면.

는 예술로 생각하였고, 기氣를 통해 천天과 인人을 소통시키고 하늘과 인간이 서로 감응하여 만물을 변화시키고 사회에 영향을 미친다고 생각하는 천인합일天人合一 내지는 천인감응天人感應의 사상에 기초하고 있었다. 그러므로 동양의 춤은 자연의 연장으로서 자연 중심적이며, 진정한 춤은 자신의 마음과 품격을 갈고 닦아 격을 높이고 천지의 원리를 표현하는 경지에 이르는 춤이며, 이러한 춤은 외형적이고 시각적인 관찰의 대상이 아니라 내면과 마음의 품격 혹은 정신성을 읽는 대상이 되어야 한다.[58] 따라서 예악사상을 바탕으로 한 동양인의 예술은 개개인의 수양을 통해 예술의 세계로 돌입되는 것이며, 예술작품은 결과보다 과정을 우위에 두는 수양론에서 비롯되는 것이다.

---

58   김말복, 앞의 논문, 26면.

도道의 실천방법

동양사상을 집약해서 표현하면 '도道에 관한 원리'라고 할 수 있다.[59] 도는 오늘날 서양철학에서 '물질, 정신, 법칙' 등으로 해석되고 있지만, 유형적인 물질이 아니고 사려 하는 '정신'도 아니며 아울러 이성적인 '법칙'도 아니다. 이는 일체를 형성하는 것으로 형태도 없고 모양도 없으며 지극히 텅 비고, 신령한 우주의 근본이다. 물질, 정신, 법칙 등은 모두 도의 파생물이다. 도는 지극히 간이簡易하고, 지극히 정밀하며, 지극히 현묘한 자연의 시초이며, 온갖 다른 것의 큰 근본으로서 우주 만물을 조성하는 근원적 재료가 된다.[60] 그리고 자연의 모든 현상 즉 하늘과 땅에 존재하고 현상하는 모든 사물과 사건은 우주의 원질이자 동력의 기氣의 작용과 변이이다. 이는 자연을 정지된 원자들의 기계적 결합으로 보는 서양과 달리 세계를 변화의 관점, 즉 움직임[易]에서 파악하는 것으로 역학易學에서 파악하

---

59   유정기 편, 앞의 책, 1면.

60   최병철, 『맹자철학에 있어서 자연의 섭리와 정치체제의 변동』, 동양철학의 자연과 인간, 아세아문화사, 1988, 27면.

는 자연의 대표적인 참모습은 바로 변화이며, 역易이라고 말하는 것은 곧 변화를 의미한다. 따라서 만물의 모든 형상은 잠깐 있다가 없어지는 것에 불과하고 이는 기가 모이고 흩어짐에 기인하는 변화의 객형客形[61]이다. 그러므로 천지는 끊임없이 변화하면서 만물을 생성하는 힘을 지니고 있고 자연 전체가 커다란 하나의 '생기生氣'덩어리다. 자연은 끊임없이 변화하고 만물은 서로 감응·화해하여 광대한 조화를 이룬다.[62] 만물은 한 몸이다. 그리고 우주 안에 있는 만물은 마치 하나의 유기체와 같이 서로 근원적으로 동일한 기운에 의하여 생성되었으며 이는 실로 존재의 대 연속을 이루고 있다.[63] 또 대립하는 두 성질 음陰과 양陽은 기氣의 일차적 분화이면서 활동의 원리를 나타낸다.

　　음양은 자연의 생성과 변화를 이끌어가는 양체兩體이나 실상은 하나[一物]이다. 그러므로 동양의 세계관은 일원론적이고 유기체적이며 생태론적이라 할 수 있다. 그리고 자연은 정지되어있는 것이 아니라 끊임없이 변화하고 움직이는 생명체로 본다는 점에서 생명존중의 정신이 담겨있다.[64] 도의 실천

61　한시적으로 확보하고 있는 우연적인 덩어리.

62　김말복, 앞의 논문, 9면.

63　노자 저, 임법융 역, 『도덕경 석의』, 금선학회, 여강 출판사, 2004, 19~20면.

64　김말복, 위의 논문, 9~10면.

방법으로써 기를 좀 더 구체적으로 파악해보면, 이기二氣는 지극히 멀리 떨어져 있어도 감응하고 음양陰陽은 일日과 월月에 해당한다고 했다. 고대 중국의 자연 철학이라고 볼 수 있는 음양 사상은 우주 생성의 출발에 있어 하나의 원리[도道·태극太極·이理·기氣]를 제시한 뒤, 결합하고 분리하는 만물의 변화에는 음기陰氣와 양기陽氣의 두 작용에 의거한다고 설명한다. 개념적 규정이 힘든 음양의 성질은 움직이고 머무는 변화의 작용에 의해 인간과 사물의 본성을 형성하게 하며 서로의 관계에 의해 끊임없이 만물을 생육하고 소멸하는 영원한 순화 과정을 이룩한다고 한다.[65]

기氣라는 개념은 전통 중국사상을 접할 때 다양한 양상으로 쓰이기 때문에 매우 파악하기 어려운 함의를 지니고 있다. 그 이유로는 세상 모든 사물을 구성하여 그 기초가 되는 바, 기라는 용어는 여러 특성이 있어서 그 정의를 내리기가 어렵기 때문이다.[66] 비록 여러 특성이 있어 이를 정의하기가 어렵지만 대체로 기氣는 첫째, 원래 공기로서 기량, 둘째, 천지 및 인간의 체내에 충만해 있어 이를 이루는 소재, 셋째, 음기와 양기, 넷째,

65 임재해 외, 『한국의 민속예술』, 문학과 지성, 1988, 290~291면.
66 김영식, 「주선의 氣槪念에 관한 몇 가지 考察」, 민족문화연구 제19호, 고려대학교 민족문화연구소, 1986, 27면.

다양한 기의 근본이 되는 원기의 의미를 띠고 있으며,[67] 이기는 동양의 심성론과 수양론에도 깊은 관련이 있다.

특히 중국에 있어 사물의 생멸生滅은 기의 집산이며, 전 우주宇宙는 일기一氣에 지나지 않는다고 하며, 고대 중국인들에 의하여 기는 무無에서 유有가 되었지만 형체로 변화되지 않은 일종의 상태[68]라고 일반적으로 말한다. 장자는 '만물을 발생하는 근원적이고 원천적인 힘이 곧 기이다.'라고 정의 내리고 일기의 유행流行은 곧 만물이 생명을 온전히 하는 과정으로 생명존속에는 기가 가장 필요하게 되는 바, 일기는 만물의 호흡 하나 하나와도 같은 것이다. 또 화생하는 기운도 일기의 유행에 존재하는 것은 당연하다. 이러한 일기는 구체적으로 말해서 음기와 양기가 조화되어 일一이 되는 것을 말한다.[69] 조선시대의 사상가 임성주任聖周는 '우주 사이에 위에서 아래까지 안과 바깥이 없고, 시작과 끝이 없이 가득히 차서 무수히 창조를 지어내며 무수한 사람과 사물을 낳는 것이 '기氣'이다. 그 작용은 누가 시키는 것인가? 스스로 그렇게 되는 것일 뿐이다.'고 했다.

---

67 日原利國篇, 『中國思想辭典』, 연문출판, 1984, 64면.
68 우동 저, 澤田多喜男 역, 『中國哲學問題史』 上冊, 팔천대 출판, 1977, 117면.
69 김영숙, 「東洋의 氣思想과 舞踊藝術에 관한 硏究」, 공주교육대학교논
　　총 第28輯, 1992, 170~171면.

이처럼 스스로 그렇게 하는 것을 성인들은 '도道'라 하였다.[70] 따라서 동양인의 경우 우주 만물이 하나라는 사고에 입각하여 춤은 우주의 조화와 인간 마음의 조화를 표현하는 예술로 생각하였고, 기를 통해 천天과 인人이 소통하고 하늘과 인간이 서로 감응하여 만물을 변화시키고 사회에 영향을 미친다고 생각하는 천인합일 내지는 천인감응의 사상에 기초하고 있었다. 그러므로 진정한 춤은 자신의 마음과 품격을 갈고 닦아 격을 높이고 천지의 원리를 표현하는 경지에 이르는 춤이며 이러한 춤은 외형적이고 시각적인 관찰의 대상이 아니라 내면과 마음의 품격 혹은 정신성을 읽는 대상이 되어야 한다.

70　김영숙, 위의 논문, 153~154면.

『주역周易』 음양상징체계陰陽象徵體系에
내재된 시공간時空間

우리의 전통적인 무대의 개념은 관객과 연희자가 분리된 액자
무대 형태가 아니라, 마당이나 뜰처럼 관객이 작품에 직·간접
적으로 참여할 수 있는 열린 공간으로 원형을 지향한다. 이처
럼 전통적인 공간의 개념을 분석하여 작품에 적용한다면 우리
만의 독특한 구성양식을 체계화할 수 있을 것이다.

　『주역周易』은 동양의 대표적인 경전으로서 자연의 원리를
음양의 기운으로 파악하고, 이 음양기운의 파동을 괘상卦象으
로 표현하여 세상의 변화원리를 나타내고 있다. 즉, 『주역』의
상징체계는 우주의 원리를 그대로 드러내는 것이며, 이러한 천
지기운의 상象을 통하여 인간과 인간사회가 펼쳐 나가야 할 목
표를 설정함으로써 바람직한 인간상과 사회상을 추구하게 하
는 특징을 지니고 있다. 이는 인간의 사유와 행위 자체가 대자
연의 원리에서 나오고 있음을 인식하고, 자연의 원리에 맞는
사유와 행위를 함으로써 인간의 본성을 파악하고 영원한 도道
를 구현해 나가야 한다는 철학적 목표가 설정되어 있기 때문

이다.[71]

그러므로 『주역』은 대자연의 형성원리와 변화원리로서 음양이진법陰陽二進法으로 체계화된 상징적 부호체계를 그 근간으로 하고 있다. 즉, 태극太極(☯)·양의兩儀[72]·사상四象[73]·팔괘八卦[74]의 원리를 기본으로 하여 『주역』 경문의 골격을 이루는 64괘 384효에 이르기까지, 음양기운의 분화와 통합 그리고 괘卦·효爻의 상호관계와 효의 변화로 인한 본괘本卦와 지괘之卦의 유기적 관계 등을 통하여 자연과 사회 및 인간의 변화양상을 나타내고 있다.[75] 태극에 내재되어 있는 음陰(--)과 양陽(—)은 그 자체로 대대적 구조를 이루고 있으며, 음양이 다시 분화된 사상에서는 태양(⚌)과 태음(⚏)이 대대적 관계를 이루고, 소음(⚎)과 소양(⚍)이 대대적 관계를 이루고 있다. 물론 음양과 사상은 시간적 구조에서 순환성을 이루고 있다. 사상에서 다시 분화되면 건(☰)·태(☱)·이(☲)·진(☳)·손(☴)·감(☵)·간(☶)·곤(☷)의 팔괘를 이루게 되는데, 건과 곤, 태와 간, 이와 감, 진과 손이 각각 대대적 관계를 이루게 된다.

---

71 신성수, 앞의 책, 35~41면.

72 陰 --, 陽 —.

73 태양 ⚌, 소음 ⚎, 소양 ⚍, 태음 ⚏.

74 건 ☰, 태 ☱, 이 ☲, 진 ☳, 손 ☴, 감 ☵, 간 ☶, 곤 ☷.

75 신성수, 『주역학周易學의 연구동향과 향후과제』, 동방논집 3권 1호, 한국동방학회, 2010, 47면.

그리고 팔괘는 공간적 양상을 의미하는 선천팔괘先天八卦와 시간적 양상을 의미하는 후천팔괘後天八卦로 구분되는데, 선천팔괘는 상하좌우上下左右 정방위正方位에서 상하에는 천지天地를 의미하는 건乾·곤坤이 상하에서 자리를 정하고 좌우에는 일월日月을 의미하는 이離·감坎이 자리하는 천문적인 현상을 보여주고 있으며, 간방위間方位에는 산과 연못을 의미하는 간艮·태兌가 서로 기운을 통하여 우레와 바람을 일으키는 진震·손巽이 자리하는 지리적·기상적 양상을 보여주고 있다. 따라서 전체적으로 볼 때, 선천팔괘는 천문지리적인 공간성을 표상한다고 볼 수 있으며 후천팔괘에서는 정방위에 있는 진震·이離·태兌·감坎은 각각 춘하추동春夏秋冬 사시四時한서寒暑의 기운을 표상하여, 봄(春生)·여름(夏長)·가을(秋收)·겨울(冬藏)의 이치를 나타내고 있다.

그러므로 후천팔괘는 공간이 변하면서 나타나는 계절적 변화, 즉 시간성을 표상한다고 할 수 있다. 결론적으로 선천팔괘의 괘체卦體는 상하좌우의 공간적 개념으로 표상되며, 후천팔괘의 괘체는 계절성과 방위성의 두 가지 요소를 동시에 지니게 되므로 동서남북의 방위와 춘하추동의 시간적 개념으로 표상된다.[76] 지구가 공전하고 자전하면서 인간사회에 펼쳐지는 가장 대표적인 변화는 낮과 밤의 주기적인 교체로 인한 하

---

76   신성수, 『현대 주역학 개론』, 도서출판 대학서림, 2007, 107~114면.

루의 변화, 그리고 춘하추동 사시四時의 교체로 나타나는 1년의 변화이다. 낮과 밤의 현상과 춘하추동 사시의 변화는 지구의 자전自轉과 공전公轉이라는 전체성, 즉 하나의 원리에서 나온 것이다.

이렇게 경험상 느껴지는 전체를 하나라는 기준 즉, 태극으로 하고 이 하나가 나누어져 표현되는 기운의 양상을 음양·사상·팔괘라는 개념으로 표현하게 된다. 태극은 전체로서의 하나이다. 그러므로 태극은 전체성이자 근원성을 의미하며, 시간성과 공간성을 내포하고 있다.[77] 다시 말하면, 태극은 전체성을 의미하기 때문에 이미 태극 안에는 역동적 음양원리가 내재되어 있다. 그리고 이것은 하루라는 개념에 낮과 밤이라는 두 가지 속성이 있으며, 1년이라는 개념에 이미 춘하추동 사시라는 기운의 변화가 내재되어 있는 것과 같다. 즉, 『주역』은 자연의 변화원리와 그 속성을 음과 양이라는 기운의 양상으로 표현하고 있는데, 음은 '--'이란 부호로, 양은 '-'이란 부호로 표시하고 있다. 그러므로 『주역』의 상징적 구조는 태극의 상象과 양의兩儀의 상이 기초가 되고 있으며, 현상계의 모든 만물은 그 성질에 따라 각각 음의 속성과 양의 속성으로 구분[78]이 가능한 것이다.

---

77 신성수, 『周易通解』, 도서출판 대학서림, 2005, 50~57면.
78 신성수, 앞의 책, 2007, 51~52면.

음양陰陽의 대대적 관계待對的 關係

『역경易經』에 의하면 "역易에는 태극太極이 있으니 이것이 양의兩儀를 생하고 양의는 사상四象[79]을 생하고 사상은 팔괘八卦를 생하고 팔괘는 길흉吉凶을 정하니 길흉은 대업大業을 생한다."고 하여 태극의 어원을 풀이하고 있다. 태극은 음양을 내용으로 한 전체로 태극이 동動하면 양陽을 만들고 태극이 정靜하면 음陰을 만들어 동정動靜이 서로를 근거로 하여 무궁하게 순환하는 것이다.[80] 결국, 태극은 음양의 상생성相生性을 의미하는 것이다. 태극의 움직임에 따라 음과 양이라는 분별상分別相이 생기는데 처음 출발의 자세가 음이 되고 그의 발동發動이 양이 된다. 양은 음을 기본으로 하여 동하게 되고, 음은 양에 의지하여 정하게 된다. 음의 극단이 양이 되고, 양의 극단이 음이 되며, 정의 극단이 동이 되고, 동의 극단이 정이 된다.[81]

---

79 태양太陽, 태음太陰, 소양少陽, 소음少陰.

80 정은혜, 『處容舞의 東洋思想的 分析을 通한 舞意 研究』, 경희대학교 대학원 박사학위논문, 1995, 51~55면.

81 김혁제 역, 『周易』, 명문당, 1997, 381면.

이처럼 태극의 양면적 작용을 분별하여 말하는 것이 음양陰陽이며, 통일된 음과 양이 대립하거나 상호작용을 하면서 부단하게 움직이는 운동은 우주만물이 생성·변화하는 원동력이 되는 것이다. 음양학설은 자연의 현상을 인식하고 파악하기 위한 일종의 사고방법인데, 우주의 일체 속의 만물의 생장 발전과 소멸은 모두 음양변화의 법칙에 따라 끊임없이 운동하여 음양이 만물의 강령이 되며 근원이 된다는 이론이다.[82] 자연계의 각종 사물과 현상 중에는 모두 음양의 대립과 통일현상이 있는데 모든 사물은 대립하며 일정한 특성에 따라 음양으로 나누어진다. 모든 사물에는 음양의 두 가지 면이 있을 뿐 아니라 음과 양의 내면도 음양의 대립을 포함하고 있다. 음양은 절대적인 것이 아니라 상대적이며, 어느 하나의 사물을 고정적으로 대표하는 것이 아니라 사물의 대립면의 변화에 따라 개변改變되는 것이다. 사물에는 음양대립의 객관적 존재가 있지만, 이들 사이에는 상호자생, 상호의존의 관계가 있어서 음과 양은 하나의 통일체가 된다.

음양은 사물의 운동발전과 변화의 과정으로 한쪽으로 치우친 현상으로 나타나지 않으며 상호평형이 유지된다. 음양은 우주 간의 두 가지 상반상성相反相成하는 기본원소 또는 동력으

82　『黃帝內經素問』「陰陽應象大論」:陰陽者, 天地之道也, 萬物之綱紀, 變化之父母, 生殺之本始, 神明 之府也, 治療必求於本.

로서, 우주 간의 각종 현상의 변화 법칙 또는 그 근원을 설명하기 위한 것이다. 음양은 후에 점점 발전되어 우주의 두 원리 또는 원동력으로 간주되어, 양陽은 하늘(天), 위(上), 해(日) 등과 같이 남성적인 것, 강한 것, 겉으로 드러나는 것, 능동적, 더위, 밝음, 건조, 굳음 등을 나타내고, 음陰은 땅(地), 아래(下), 달(月) 등과 같이 여성적인 것, 숨어있는 것, 약한 것, 수동성, 추위, 어두움, 습기, 부드러움 등을 뜻하게 되었다. 그리고 이 두 가지 기본원리의 상호작용을 통하여 모든 현상이 생겨난다.[83] 동양사상사전에는 태극과 음양의 관계를 다음과 같이 서술하고 있다.

> 陰陽은 太極을 형성하는 兩大의 요소요. 萬物을 生生하는 二個의 元氣이다. 아무리 우주 인생에 무한한 사물이 있다 해도 이 陰陽의 양소를 떠나서 된 것은 결코 없으니 무릇 사물의 이치로 설명할 수 있는 것이다. 그러나 물론 소장굴신消長屈伸은 있으니 양이 張하면 음이 消하고 양이 屈하면 음이 伸하는 것이나 그의 태극이란 전체의 량은 일정하기 때문에 그의 소장굴신은 반비례하는 것이다. 그러나 아무리 極長極伸을 해도 태극의 전체를 독점할 수 없으니 그의 종점에는 極消極하는 것이 다시 動伸張되어 나오는 것이다.[84]

---

83 강재론 역, 『中國思想史』, 일신사, 1982, 144면.
84 유정기 편, 앞의 책, 16면.

이처럼 음양은 각기 서로 순환적이어서 독자적으로 존재할 수 없으며 언제나 양은 음을 구하고 음은 양을 구하며 조화를 이루는데, 『역경』「계사전繫辭傳」에서는 '一陽一陰謂之道'라 하고 '形而上者謂之道'라고 하였는데 여기에서 음양은 변화의 원리를 의미하는 것이다. 우주의 만물은 무엇이나 음양으로 형성되었고 극징極徵의 세계로 보면 원자原子와 전자電子도 모두 음양으로 형성된 것이다.[85] 한 번 음陰이 되고 한 번 양陽이 되는 것을 도道라고 한다.[86] 도는 변동불거變動不居하는 무실체無實體로서의 흐름이다. 그 흐름은 −−과 −이라는 두 부호로 표현되며, 그 길이 바로 이 두 부호 사이에 있다.

　　따라서 『주역』이 언어가 아닌 이 두 부호로써 표현의 방식을 채택한 것은 바로 변화를 포착하려 하기 때문이라고 할 수 있다. 다시 말해서 두 부호에 의한 상징적 표현은 언어의 규정적이고 고정적인 한계성을 초극하려는 시도에 그 큰 뜻이 담겨 있다는 것이다. 그래서 우리는 역易을 변역變易이라고 한다. 우리가 음과 양을 『주역』시간관의 배경으로 삼는 것은 이들이 단순히 『주역』의 기본적이며 근본적인 요소이기 때문만은 아니다. 더 나아가 동양 사상의 궁극적 목표이자 모든 당위의 근원인 도道가 바로 음과 양이라는 두 기운에 의한 흐름이

85　정은혜, 앞의 논문, 1995, 57~58면.
86　『周易』「繫辭傳 上」第5章. 一陰一陽之謂道.

기 때문이다.

그런데 음양에는 시간의 관념을 적용할 수 없다고 한다. 그 이유는 그것들이 성질들에 대한 기호일 뿐이기 때문이라고 한다.[87] 물론 음양은 일차적으로 기호론이다.[88] 그래서 사물을 음양으로 나타낼 때 그 성질은 흑백의 색깔처럼 확연히 구별된다. 그러나 이 두 부호는 어느 하나를 여의고 개별적으로 말해질 수 있는 것은 아니다. 그것들은 항상 이원二元 일체一體의 기호이다. 우리가 어떤 사물을 음이라고 했을 때, 이미 그에 대립되는 양의 사물을 상정하고 있으며, 더구나 그 두 사물 사이에는 어떤 형태로든 교섭이 전제되어 있다.

따라서 음양은 사물의 분별적 인식을 위한 기호이기는 하지만, 그 배경에는 언제나 변화의 관념을 전제하고 있다. 우리가 『주역』의 시간관을 음양의 성질로부터 이해하려는 것도 여기에 있다.[89] 이처럼 음과 양은 대립적이지만 항상 이원일체의 것이기 때문에, 전통적으로 그 둘을 대대적 관계待對的 關係라고 말한다. 이러한 관계의 음양은 그 특징을 다음과 같은 세 가지로 나눌 수 있다. 첫째로 음양은 상대적 존재이며, 둘째로 음

---

87 성태용, 『易經 宇宙論의 三重構造』, 철학논공 제10집, 1982, 50면.

88 김용옥, 『氣哲學散調』, 통나무, 1992, 58면

89 하창환, 「『周易』의 時間觀 研究」, 영남대학교 대학원 박사학위논문, 1998, 12면.

양은 균형관계이며, 셋째로 음양은 교체 변화하는 존재이다.[90] 음양의 이러한 성질들을 좀 더 자세히 살펴보면 다음과 같다. 먼저 음은 정적인 것(소극적 성질)이며 양은 동적인 것(적극적 성질)이라는 서로 대립적인 성격으로 둘은 상대적이다. 그래서 순양純陽인 건괘乾卦는 하늘과 아버지가 되고, 순음純陰인 곤괘 坤卦는 땅과 어머니가 된다.

그런데 음양으로 사물들의 성격을 분류하지만, 음양이 사물들의 고유한 성질은 결코 아니다. 음과 양이라는 성격은 사물과 사물의 상호관계에서 정해지는 유동적인 것으로 예를 들어 여자는 음의 성질을 가진 대표적인 존재로 간주되는데 그것은 남자라는 존재와 상대적인 입장에서 말하는 것이고, 그 상대가 남자가 아닌 자식이 되면 여자는 양의 성질을 가지는 존재가 된다. 즉 사물의 음양의 성질은 언제든지 교체·변화된다는 것을 알 수 있다. 이것은 음양 자체의 성질이 교체 변화한다는 것이 아니라 음양의 성질을 사물에 적용하는 것이 일정하지 않다는 것이다.[91] 즉 음과 양은 고정불변의 절대적인 개념이 아니라 상대적인 개념으로 음과 양이 구분되지만 그것은 대상에 따라 변화될 수 있으며, 음과 양이 개별적인 것이 아니라 음 속에도 양이 존재하며 양 속에도 음이 존재한다는 뜻이다.

---

90 김용옥, 앞의 책, 1992, 58면.
91 하창환, 위의 논문, 1998, 12~13면.

이렇듯 고대 중국인들은 천지자연의 질서와 조화의 생성
변화가 조화를 잃지 않고 운행되는 모습을 상생相生과 상극相
剋의 논리로 파악하였다.[92] 그러므로 음양은 대립된 관계로써
상극이지만 그 이면에는 상생을 위한 전제로 서로 교제하며
역동적인 균형성을 통하여 항상성이 유지되는 것이다.

92　정은혜, 앞의 논문, 1995, 65면.

한국 전통춤에 나타난 시간성과 공간성

한국 전통춤에 나타난 시·공간성은 '엇'으로 요약된다고 할 수
있는데, '엇'은 일부 동사 앞에 붙어, '어긋나게'의 의미이며, 일
부 명사 앞에 붙어서는 '어긋난' 또는 '어긋나게 하는' 뜻으로
작용한다. 따라서 '엇'은 '어긋나다'의 시간성을 의미하기도 하
지만 비껴 15도를 뜻하는 공간적 의미로도 이해할 수 있다.

이매방 '살풀이춤'에 나타난 특징 중 하나가 '사방춤'이
다. 앞·뒤·좌·우 사방을 의식하여 어디에서 춤을 보더라도
완벽한 미학적 동작을 구사한다.[93] 즉, 무대와 관객이 이분화된
공간 구성을 가지고 있는 것이 아니라, '사방춤'이라는 특징으
로 인하여 어느 방향에서 보아도 춤추는 자태가 그대로 잘 보
일 수 있으며,[94] 동작 또한 뛰어난 미학적 특징으로 구성되어

---

93 이미영, 『한국 춤 연구』, 민속원, 2007, 226면.

94 백경우, 「이매방 춤의 양식적 특성으로 본 역학적 분석」, 성균관대학교 대
학원 박사학위논문, 2001, 91면.

있다는 것이다. 여기서 말하는 사방은 공간이라는 제한적인 의미가 아니다. 지구가 자전하면서 공전을 거듭하는 우주의 운행원리인 유행작용流行作用으로써 원도圓圖를 의미하는 것이며, 이것은 결국 시간의 변화에 대한 인식에서 기인한 것이라고 할 수 있겠다.

그리고 '사방춤'에 나타나는 또 하나의 특징은 사선이라는 방향성에 있다. 사선이라는 방향성은 공간적 의미뿐만 아니라 내재된 시간성을 포함하고 있다. 이매방 '살풀이춤'에서는 특히 사선을 많이 사용하는데 몸의 방향이 우하부, 좌하부, 우상부, 좌상부를 동시에 지향하는 경우가 많아 원형 무대에 적합한 춤의 형식이고, 춤의 방향성은 왼쪽에서 오른쪽으로 돌면서 이루어진다.[95] 즉, 이매방 '살풀이춤'은 우주의 운행질서를 몸으로 체득하여 재현하는 순환구조로 일정한 주기를 가진 곡선적 흐름, 동공動功에 가까운 기氣의 운용 방식을 갖는다고 볼 수 있다.

따라서 들숨과 날숨의 호흡법, 맺고 푸는 춤사위와 상하 굴신운동을 통한 리듬성은 순환과정의 하나이며, 국악에서 나타난 '못갖춘마침'이라는 불완전 종지는 완성이나 끝이 아니라 새로운 시작으로써 반복과 순환의 법도를 표현한 것이다.

---

95 이병옥·서승우, 『국립문화재연구 '한국의 중요무형문화재 11' −살풀이춤』, 신유문화사, 1988, 127~131면.

그러므로 한국춤은 우주의 운행과 같이 쉼 없이 [정精·중中·동動] 이어지는 흐름 또는 선율의 춤이며, 이것은 시간의 흐름이 직선적(−)인 것이 아니라 주기를 가진 곡선적(~)인 흐름[96]이기 때문이다. 앞에서도 언급했듯이 우리의 시간관은 '시작과 끝을 부정하는 동시에 끝은 또 다른 시작'이라고 서술하고 있다.

    이러한 순환구조는 태극에 내재되어 있는 음양의 원리로 지구의 공전주기를 볼 때, 천지자연의 기운으로는 한겨울 동지에 양陽의 기운이 생하므로 1년으로 보면 동지에서 하지까지는 양, 하지 이후에서 동지 전까지는 음陰이다. 지구의 자전주기에서 볼 때, 천지자연의 기운으로는 한밤중 자시子時에 양의 기운이 생生하기 시작하는데 이것을 근원적 음양이라고 한다. 즉 근원적 음양에서는 동지가 1년의 시작이며, 자시가 하루의 시작인 셈이다. 그러므로 '못갖춘마디'로 시작하여 '못갖춘마침'으로 종결되는 음악적 구조와 함께 우리 춤은 정방향이 아니라, 비껴 15도에서 시작하여 종결이 아닌 미완으로 끝나는 순환구조가 내재된 시간성을 강하게 내포하고 있음을 알 수 있다.

---

96 조선일보, 조용헌 살롱[712] 분단생사分段生死와 변역생사變易生死, 2009. 12. 7.

이매방 '살풀이춤'에 나타난 역 사상易思想

교방教坊 예술의 원형을 계승하고 있는 이매방 '살풀이춤'의 시원始原은 무속이지만 기교적 자율성(즉흥성)을 통하여 시대에 맞게 재창작되었다고 한다. 여기서 언급한 살풀이춤에 나타난 기교적 자율성은 일정한 규칙성을 통하여 중요한 춤사위와 규칙은 변하지 않고 연행됨을 의미한다.

전통적인 춤사위의 중요한 몸짓을 대부분 함축하고 있는 이매방 '살풀이춤'은 교방춤의 기본인 입춤을 학습하고 법무法舞에 속하는 승무와 검무를 익히고 나서 마지막으로 자신의 감정을 표현할 수 있는 춤이며, 형식과 구조에서도 뛰어난 예술성을 가진 춤이라고 할 수 있다. 교방춤으로서 가장 절제되고 아름다우며, 내면의 감정을 표현하는 고도의 예술이라는 점, 춤사위가 갖는 특징 대부분이 대대적 관계待對的 關係와 전체 구성은 순환성으로 집약되고 있다는 점 등이 이매방 '살풀이춤'이 다른 전통춤과 구별되는 특징이라고 할 수 있다.

고대 중국의 자연철학이라고 볼 수 있는 음양사상은 우주 생성의 출발에 있어 하나의 원리[도道·태극太極·이理·기氣]를 제시한 뒤, 결합하고 분리하는 만물의 변화는 음기陰氣와 양기陽氣의 두 작용에 의거한다고 설명한다. 개념적 규정이 힘든 음·양의 성질은 움직이고 머무는 변화의 작용에 의해 인간과 사물의 본성을 형성하게 하며 서로의 관계에 의해 끊임없이 만물을 생육하고 소멸하는 영원한 순환 과정을 이룩한다고 한다. 따라서 자연이나 인간 세계는 두 상대치[음·양]의 관계에 의해서 형성되기 때문에 시간이나 공간의 절대성도 없으며 가치 관념[선과 악]의 절대치도 있을 수 없다. 슬픔이 다하면 기쁨이 오고 악은 선이 결여된 상태로서 변화의 법칙에 따라 자리바꿈을 하게 된다.

이처럼 음양·오행사상의 예술 기층 형성은 우주의 자연현상을 동양적 합리체계로 설명하는 원리로서 예술 세계까지 두루 미치고 있다. 우리 문화 저변에 확산된 음양 사상은 대대적 관계로 규명되고 있는 보편적 사상이기도 하다. 따라서 한국춤의 미美는 우리 민족의 생활양식 및 환경, 사상을 바탕으로 자연스럽게 그 정신이 무용작품에 적용되었을 것이다. 춤을 문화적 활동의 일부라고 생각해볼 때 문화는 역사의 변화에 따라 부단히 변하고, 거기에 따라 무용의 내용과 형식 또한 변화되기 마련일 것이다. 따라서 유구한 역사 속에 동양의 문화체계를 이룬 역易의 상대성이 살풀이춤사위에 어떻게 반영되고 있는지 연구하는 것은 우리 춤의 원리를 규명하는 데 중요한 계기가 되리라 믿는다.

이매방 '살풀이춤'에 나타난 대대적 관계를 세 가지로 분류하면 다음과 같다. 첫째, '동시적 상대성'으로 대부분의 춤사위는 대립적인 짝을 이루는 대칭지향적인 규칙성을 내포하고 있다. 둘째, '연속적 순환성'으로 동動의 시작에서 양陽이 생겨나고, 동이 극에 달하면 정靜이 시작되어 음陰이 생겨나는 음양의 작용은 춤사위에서 단절이 아니라 반복적 흐름으로 표출되고 있다. 셋째, 통합적 조화성은 '동시적 상대성'과 '연속적 순환성'의 복합적인 작용을 통하여 상체와 하체의 조화뿐만 아니라 춤사위에 나타난 대삼소삼大衫小衫, 호흡, 굴신의 연계성으로 풀이된다. 이매방 '살풀이춤'에 나타난 순환성을 음악적 변화에 따라 4단계로 구분하여 비교하면 다음과 같다.

1단계 '살풀이춤'에 내재된 시간성 '궁窮'은 절기상으로 동지에 해당한다. 밤이 제일 긴 동지를 지나면 다시 해가 길어지기 시작하는데 해의 주기 [기운의 양상]로 보면 동지가 시간의 표준이 되는 셈이다. 밤은 혼돈과 무질서를 상정하여 이 가운데에서 빛과 질서가 생겨난다. 그래서 빛과 질서는 혼돈이라는 과정을 거쳐야만 비로소 탄생된다. 다스림으로 시작되는 도입부는 느린 장단으로 여유가 있고 담백한 동작이 주류를 이루며 비교적 조용하다. 장단의 강약은 대삼소삼이 확실하며 대체로 정박에 춤사위가 시작되며 12장단 동안 거의 제자리에서 춤을 추기에 느리고 고요한 것이 특징이다.

2단계 '살풀이춤'에 내재된 시간성 '변變'은 시간의 참신성으로 생성은 그침이 없고, 운행은 강건하여 쉬지 않으니, 그것을 변화라고 한다. 시간은 순간순간에서 보면 단절된 것처럼 보이나, 그 순간들은 항상 이어져 있다. 변은 절기상으로 춘분春分에 해당되는데, 양과 음이 교차 반복되고 활성화된 운동성은 시간과 위치, 춤사위의 크기가 확장된다. 중간부에는 느린 장단의 속도가 다소 세분화되며 감정의 고조에 따라 반주되고 장단을 임의대로 밀고 당기는 밀채와 끌채가 나타나기 시작한다. 도입부에 비해 대부분 정박을 사용하는 것이 아니라 박을 분할하여 춤사위와 디딤이 세분되고 공간성이 활성화되는 등 응용동작이 다소 많아진다.

3단계 '살풀이춤'에 내재된 시간성인 '통通'은 변전變轉함이 무궁하고 오고 감이 서로 접해 있으니 그것을 변통이라고 한다. 변통이라는 말의 뜻은 사귐이다. 사귐이라는 것은 끊임없이 계속된다는 것으로 시간의 연속성을 나타낸다. 그리고 서로 접해 있는 순간과 순간은 이질적인 순간의 인접이 아니다. 새롭게 생겨나는 순간은 사라져 가는 순간을 바탕으로 해서 생겨난다. 통은 하지夏至에 해당하며 변전함으로 대변되는 통은 왕성하게 생장을 촉진시키는 시기이다. 시나위 기법이 고조되며 엇박자에 동작이 시작되는 불규칙한 조화가 두드러지는 부분으로 동작의 확장성이 두드러질 뿐만 아니라 빠르게 진행되는 장단에 길게는 두 장단을 멈춘 듯 고요를 즐기는 여

백과 절제가 나타나는 부분이기도 하다. 따라서 빠른 디딤을 통한 구성의 다변화와 춤사위의 확장뿐만 아니라 감정이 정점에 다다르는 순간이기도 하다.

　4단계 '살풀이춤'에 내재된 시간성 '구久'는 추분秋分으로 절정과 결실을 의미한다. 시간의 마지막 속성인 '구'를 시간의 누적으로 보고 잃으면 다시 얻어 두고 사라지지 않으니 그것을 유구함이라고 이른다. 유구하다는 말의 뜻은 쌓임이다. 쌓인다는 것은 교체되면서 항상 쌓인다는 것이다. 따라서 종결을 의미하는 구는 절정에 도달한 감정이나 춤동작을 마무리하여 서서히 풀어내리는 부분이다. 여기에서 한과 비애 그리고 맺힘 등을 새롭게 변화시켜 희망적으로 풀어서 해소하는 장으로 돌기·풀기·다스림 등의 춤사위가 차분히 정리되는 부분이다. 다스림을 통한 해소와 풀이로 마무리되는 결말은 못갖춘마침으로 완성된 종결이 아니다. 미완으로 여지를 남겨두어 시간의 순환성을 나타내고 있다. 춤사위 역시 맺음으로 끝나는 것이 아니라 허공을 향해 여지를 남겨두는 것으로 강한 순환성을 내포하고 있다. 따라서 이매방 '살풀이춤'에 나타난 역易의 상대성과 순환성은 단순한 이론적 근거로써 의미가 있는 것이 아니라 실제 춤사위와 구조에 적용되고 있다는 추론이 가능하다.

이매방 '살풀이춤'을 통해서 본 호흡의 중요성

동양사상에서 호흡은 보편적으로 기氣의 운용으로 이해된다. 호흡의 형성요소인 들숨과 날숨은 음양陰陽이라는 두 가지 속성을 지니고 있으며, 우주론적으로는 사물의 생성변화에 작용하는 두 가지의 이질적이고 상대적인 성질 또는 동력을 범주화한 것이라고 할 수 있다. 음기와 양기는 변화를 형성하는 기본 요소이며, 인간의 호흡과 우주 자연에 가득 찬 생명력을 의미한다.[97] 김현자는 '호흡은 몸의 생명 유지나 생명 에너지라는 필수적인 자원임과 동시에 몸의 상태를 정동靜動의 변화와 조화로부터 다양한 리듬을 끌어내는 역할을 담당한다.'[98]고 언급하며 호흡의 기능과 중요성을 서술하였다.

춤에서 드러나는 기 역시 호흡에 의한 것이며, 기가 없는 춤동작은 단순한 움직임으로 생명력도 없고 활동성도 부족하

---

97 김현자, 『생춤의 세계』, 문학사, 1992, 124면.
98 김현자, 위의 책, 1992, 124면.

므로 한국무용에서 호흡은 가장 중요한 요소라고 할 수 있다.[99] 그러므로 호흡은 인간의 생명유지뿐만 아니라 춤에 있어서도 가장 근원적인 요소에 속한다고 할 수 있는데, 『주역』에서는 일체의 생성은 언제나 대립자들 사이의 교감에서 비롯된다고 강조하고 있다.[100] 즉 대립자 상호 간의 교감에서 새로운 요인이 생성됨을 말하는 것이다. '살풀이춤' 구조에도 '주고받는' 대립적인 개념이 존재한다. 이러한 대립적인 성격은 음양원리와 상통한다.

음양원리의 개념은 모든 사물과 현상은 상반되고 대립되는 속성을 지닌 두 가지의 측면이 있으며, 반드시 하나가 아닌 대립자인 음陰과 양陽 둘이어야만 새로운 요인이 생긴다는 것이다. 기를 토하는 것은 발산하는 것으로 양이라 할 수 있고, 기를 머금는다는 것은 응결하는 것으로 음이라고 할 수 있다.[101] 여기서 말하는 음과 양은 상대적이지만 극단적인 대립이 아니다. 양은 음을 기본으로 하여 동動하게 되며, 음은 양에 의지하여 정靜하게 된다. 따라서 음과 양은 언제나 상보적인 관계이고, 균형적이며, 음과 양의 생성과 소멸은 반비례한다고

---

99   김용복, 「한국무용의 미학적 구조연구: 역학적 사유구조를 중심으로」, 성균관대학교 박사학위논문, 2007, 21면.

100 『周易』 「繫辭傳 下」 第5章 : 日月相推而明生焉.

101 백경우, 앞의 논문, 215면.

할 수 있다.

이매방은 들숨과 날숨에 있어서 들숨의 경우 호흡을 들이마시기 때문에 몸이 커지고 늘어나며, 날숨의 경우 호흡을 내쉬기 때문에 몸이 오그라든다고 말한다. 기본적으로 춤에서는 들숨에서 몸을 세우는데, 이는 『주자어류朱子語類』의 언급처럼 숨을 들이쉴 때 기운이 방출되어 배는 수축되지만 몸은 서게 되는 양을 의미하는 것이다. 따라서 몸이 아래에서 위로 솟아오르기 때문에 이 또한 양이라고 할 수 있다. 이와는 반대로 날숨의 경우 몸이 아래로 내려가게 되는데, 이때는 기운이 생기고 축적되는 것이지만 몸이 아래로 내려가기 때문에 음이라고 할 수 있다.

대삼소삼 역시 들숨과 날숨을 바탕으로 한 강약의 표출로 모든 움직임에는 강약이 있고, 이 강약은 호흡과 연계함으로써 생명력과 활동성이 춤으로 드러난다. 다시 말해 대삼과 소삼은 상대적인 음양이기陰陽二氣를 통한 반복적인 선율처럼 '멈춤'이 나타나지 않는 연속적인 흐름으로 이어진다. 흐름이 단절되지 않고 연속적으로 이어지는 과정에서 동작과 동작 간의 구분이 힘들 정도로 긴밀하게 이어져 있는데, 물결의 파장처럼 반복되는 흐름은 현대무용이나 발레 같은 서양무용뿐만 아니라 다른 전통춤과도 구별되는 이매방 춤에 나타나는 특징이라고 할 수 있다.

이처럼 춤사위의 반복적 흐름은 『주역』의 시간관에도 잘 나타나는데, 변역變易의 근거는 사시四時의 순환이라는 말처럼 한국춤은 우주의 운행과 같이 쉼 없이 [정精·중中·동動] 이어지는 흐름 또는 선율로 동양인의 시간관인 변화와 생성의 의미로써 곡선적인 흐름이라는 것을 유추할 수 있다. 국립문화재연구소의 『중요무형문화재 제97호 살풀이춤』에서는 "이매방의 '살풀이춤'은 맺고 풀어냄의 기본이 되는 대삼大衫, 소삼小衫의 구분이 분명하고 맺고 푸는 데서 춤사위의 독특한 맛이 느껴지며 강한 힘이 표출되는 춤으로 수건의 뿌림과 발놀림이 까다롭고 고도의 기교를 요하는 춤"[102]이라고 서술하고 있다. 이매방의 모든 춤에 나타나는 대삼소삼은 음악에도 존재하는 강약의 구조로 1박과 2박의 경우 양陽, 남자(男), 강함(剛)으로 표출되어 대삼이라 하였고, 3박과 4박의 경우는 음(陰), 여자(女), 유함(柔)으로 표출되어 소삼이라고 하는데, 이것은 한 장단 안에 음과 양이 존재한다는 것을 일컫는 말이다.

이러한 대삼소삼의 근원에도 호흡이 작용하고 있는데 춤은 일정한 힘과 호흡에 의해서 강약과 맺고 푸는 완급이 조절되는 것이며, 춤에 있어서 대삼소삼이라는 구조를 만들어 내는 근본이 바로 호흡[103]이라고 말할 수 있다. 이 호흡을 통하여 마시고 내쉬는 들숨과 날숨이 강과 약으로 생명력을 불어넣게

---

102 국립문화재연구소, 『중요무형문화재 제97호 살풀이춤』, 신부사, 1998, 131면.
103 백경우, 앞의 논문, 2001, 220면.

되며, 이러한 호흡은 춤이 추어질 때 끊임 없이 순환·반복되는 선율이 형성되는 것이다. 따라서 이매방 춤에 있어서 호흡의 경우 음양사상에 입각하여 1박과 3박에는 양의 형태로 호흡을 들이마시고, 2박과 4박에는 음의 형태로 호흡을 내쉬게 되는데, 이것은 굴신의 작용과 연계되어 음악의 강박과 약박의 흐름과 춤사위에서 대삼과 소삼의 형태를 표출하는 근원이라고 말할 수 있겠다. 따라서 모든 움직임은 강약이 있고, 이 강약은 호흡과 연계함으로써 생명력과 활동성이 춤에서 드러난다고 할 수 있겠다.

2. 한국 창작춤의 현재

창작創作이란 처음으로 만들어낸다는 의미로 '예술 작품을 독창적으로 만들거나 표현하는 일'을 뜻하며, 독창적獨創的이란 '자기 혼자 힘으로 새롭고 독특한 것을 고안해내거나 만들어내는 일'을 일컫는 말이다. 그러나 한국 창작무용은 국악을 춤곡으로 하여 전통춤사위의 범주 안에서 한복을 착용해야 하는 등 규제를 만들어 놓아 동시대적 객관성 결여라는 덫에 갇혀 한 발자국도 나가지 못하고 있다.

'월간 『춤』' 발행인 故조동화는 한국창작무용도 컨템포러리 댄스Contemporary Dance 범주에 포함시켜야 한다는 주장을 했다고 한다. 그 제안이 실현되었더라면 한국창작무용이 세계화로 갈 수 있는 초석이 되었을 것이다. 그러나 한국창작무용이 현대무용이나 모던발레보다 테크닉에서 경쟁력이 부족하다고 해서 민족무용Ethnic Dance로 묶어두어 현대예술의 지위를 스스로 박탈해버렸다.

자네트 월프Janet Wolff는 『예술의 사회적 생산』에서 '예술
작품은 사회를 반영하는 거울이며, 예술은 많은 현실적, 역사
적 요인들의 복합적 축조물'이라고 서술하고 있다. 예술작품
의 창의적 생산과 의도된 작가의 예술작품은 역사적, 사회적,
문화적 배경의 이해에 가능한 일이라는 것이다. 그러므로 규
제라는 높은 담장을 쌓아놓고 창의성을 발휘하라고 하면 손발
을 묶어 놓고 싸움을 하라는 것과 뭐가 다른가.

　　한국 창작무용이 현대예술로서 세계와 경쟁해야 하는 이
때 국악과 한복, 한국적 정서, 한국 전통춤의 원리에 갇혀 과거
에 집착하는 우를 범한다면 한국적 현대무용은 한 치 앞으로
나갈 수 없는 막다른 길에 봉착하게 될 것이다.

'무형문화재 보유자 인정·예고'에 대한
무용계의 반발 사태와 대안

2016년 2월 1일, 무형문화재 보유자 선정을 두고 무용계가 거세게 반발하면서 한국무용전공자로 구성된 협회의 단체장과 공립무용단 예술감독 등 36명이 비상대책위원회를 만들어 문화재청에 이의신청하였다. 특정 종목만 후보자를 지정하고, 다른 종목은 예고를 보류한 것에 대한 답변과 심사위원 구성에 대한 해명을 요구했으나 보유자로 인정 예고된 특정인을 반대하는 것 같은 보도에 뒷맛이 개운치 않았다.

무형문화재 보전 및 진흥에 관한 법률을 보면 '이 법은 무용형문화재의 보전과 진흥을 통하여 전통문화를 창조적으로 계승하고, 이를 활용할 수 있도록 함으로써 국민의 문화적 향상을 도모하고 인류문화의 발전에 이바지하는 것을 목적으로 한다.'로 규정돼 있으며, 기본원칙은 '무형문화재의 보전 및 진흥은 전형 유지를 기본원칙으로 하며, 첫째, 민족정체성 함양, 둘째, 전통문화의 계승 및 발전, 셋째, 무형문화재의 가치 구현과 향상' 등을 내용으로 하고 있다. 따라서 무형문화재 전승자의 책무는 당연히 '전승활동을 충실히 수행함으로써 무형문화재의 계승 및 발전'을 위하여 노력하는 것이다.

하지만 그동안 이런 목적과는 달리 무형문화재가 권력화되면서 금품수수와 심사 비리 등 불미스러운 일로 자격박탈뿐만 아니라 무형문화재 폐지론까지 제기된 상황이다. 이러한 폐단을 완전히 바로잡을 수는 없겠지만 세계에서 보기 드문 다양하고 풍부한 우리 전통춤의 올바른 보존과 전승을 위하여 다음과 같은 대안을 제시하는 바이다.

우선 우리 전통춤의 올바른 연구와 전승을 위해서는 현 국립국악원을 국립정악원으로 개편하고 국립민속원을 새롭게 지정하여 악가무樂歌舞에 대한 연구가 같은 공간에서 체계적으로 이뤄져야 할 것이다. 특히 조선시대 정재呈才를 담당하던 여령女伶이나 여기女妓의 나이가 10대였으며, 나이가 들면 지방 관아의 관기로 보내져 30대면 은퇴했던 것을 고려한다면 올바른 전통춤의 계승을 위해서 이런 점도 고려해야 할 것이다. 그러므로 국립국악고등학교를 정재전문 양성기관으로 지정하고, 서울국악고등학교를 민속전문 양성기관으로 지정하여 악가무 일체를 체계적으로 학습 받는 장악掌握 기관으로서 역할을 충실히 수행하게 해야 한다.

이를 통하여 배출된 인재들이 국립정악원과 국립민속원에서 석·박사 통합 연구를 할 수 있도록 체제를 갖추어야 하며, 무형문화재의 올바른 보전과 전승을 위해 교육을 맡아 보던 관직이었던 박사博士 제도를 부활시켜 제도권 안에서 후학 양성과 올바른 전통춤의 전승에 힘쓰도록 유도해야 한다. 물론 제도를 재정비하기 위해 많은 법령을 수정하고 재원을 마련해야 할 것이다.

서로의 주장만 내세우고 상대방의 주장을 반박[甲論乙駁]만 하는 사이 우리의 전통춤은 병들고 왜곡될지도 모를 일이다. 논란이 제기된 지금이야말로 잘못을 바로잡을 마지막 기회라 여기고 전통춤의 체계적인 연구와 전승을 위해 무용계가 뜻을 모아 한목소리를 내야 할 시점이 아닌가 하는 생각을 해본다. 끝으로 우리 사회 전반에 만연한 무조건적인 배척이나 비판에 대한 자성과 함께 대안을 제시하는 성숙한 문화가 정착되기를 간절히 바라는 바이다

한국 창작춤의 정체성

한국창작무용은 국악을 춤곡으로 하여 전통춤사위의 범주 안에서 한복을 착용해야 하는 등 규제를 만들어 놓아 동시대적 객관성 결여라는 덫에 갇혀 한 발자국도 나가지 못하고 있다. 따라서 '우리의 교육이 창의적인 발상에 대한 방향을 제시하고 있는가?'하는 의구심은 시스템의 문제일 뿐만 아니라 한 단계 높은 가치 실현을 위한 제도적 장치나 개념의 변화가 있어야 가능한 일이다.

창작이란 처음으로 만들어낸다는 의미로 '예술 작품을 독창적으로 만들거나 표현하는 일'을 뜻하며, 독창적이란 '자기 혼자 힘으로 새롭고 독특한 것을 고안해내거나 만들어내는 일'을 일컫는 말이다. 애플Apple Inc.의 창시자 스티브 잡스Steve Jobs는 창조란 '새로운 것을 만드는 것이 아니라 존재하는 것을 유용하게 하는 것'이라며 창조에 대한 인식체계를 변화시킴으로써 애플을 세계에서 가장 창조적인 기업의 반열에 올려놓았다. 그리고 그는 그런 창의적인 발상을 통해 성공할 수 있었던 것은 대학을 자퇴했기 때문에 가능한 일이라고 밝혔다.

대학 내에 독립무용학과가 많은 대한민국에서 왜 뛰어난 안무가뿐만 아니라 창작무용 이후 새로운 경향이 나타나지 않는지 점검해야 할 때이다. 한국무용전공자에게 한국전통무용의 사상과 원리, 정서 등에 대한 올바른 교육은 필요하지만, 창작자에 그것을 강요하거나 스타일을 정형화하도록 요구한다면 우리 춤의 새로운 경향은 한낱 꿈에 불과할 것이다.

　　故 조동화 월간 『춤』 발행인은 동아무용콩쿨 자문위원이던 시절 '한국 창작무용도 현대무용과 모던발레처럼 컨템포러리 댄스Contemporary Dance로 분류해야 한다'고 한다. 그 제안이 실현되었더라면 한국창작무용이 현대예술로서의 정착과 세계화로 갈 수 있는 초석이 되었을 것이다. 한국창작무용이 현대무용이나 모던발레보다 무대 메커니즘이나 테크닉에서 경쟁력이 부족하다고 해서 민족무용으로 분류해 보호한다면 조선시대 쇄국정책과 다를 바 없는 것이다.

　　전통춤이나 신무용[104]을 현대예술에서 제외하는 가장 중요한 기준은 비평의 대상이 아니기 때문이다. 작품평가는 동

---

104 신무용의 시초가 석정막石井漠いしいばく에게 사사받은 최승희, 조택원으로부터 시작되었다고 한다면 현대무용의 관점에서 한국적 정서의 수용이었다고 생각할 수 있다. 그렇다면 신무용을 한국무용의 관점에서만 연구할 것이 아니라 그 시대의 사조와 철학적 배경뿐만 아니라 현대무용과 발레에 직·간접적으로 끼친 영향과 관계를 탐색하다보면 현재 한국창작무용의 개념 정의도 변화될 수 있을 것이며, 신무용의 확장성도 가능하리라 믿는다.

시대의 예술작품을 대상으로 하며, 전통춤이나 클래식 발레는 창작된 당시의 사상과 철학을 바탕으로 하므로 비평의 대상이 아니라 리뷰의 대상인 것이다. 신무용 역시 마찬가지이다. 우리나라에서 가장 역사가 깊고 권위 있는 동아무용콩쿨에 신무용 부문을 개설하자는 의견이 여러 번 나온 적이 있다고 한다. 무용가들의 합의가 도출되지 못해 신무용 부문이 개설되지 않았지만, 역사를 인위적으로 조작하여 시대를 역행하는 행위는 순리에 어긋나며 부작용만 초래할 뿐이다. 한국창작무용이 현대예술로 인정받지 못하고 민족무용으로 전락한 이때, 신무용의 인위적 재등장은 절대 바람직하지 않다.

신무용은 전통과 현대의 가교 역할로 그 임무를 다했으며, 보존의 가치가 있고, 전승해야 할 중요한 작품이라면 명무로 지정하거나 전통예술처럼 국가에서 일정 부분 정책적으로 지원하면 된다. 현대예술로서 한국창작무용이 세계와 경쟁해야 하는 이때 국악과 한복, 한국적 정서, 한국 전통춤의 원리에 갇혀서 과거에 집착하는 우愚를 범한다면 규제라는 높은 담장을 쌓아놓고 창의성을 발휘하라는 것과 다름없으며, 한국적 현대무용은 한 치 앞으로 나갈 수 없는 막다른 길에 봉착하게 될 것이다.

우리의 예술교육 무엇이 문제인가?

우리는 흔히 교육을 백년대계百年大計라고 한다. 교육은 '먼 장래까지 내다보고 세우는 큰 계획'이라는 뜻이다. 하지만 우리나라 교육 현실은 어떠한가. 정권이 바뀌면 어김없이 교육 정책이 바뀌어 결과에 대한 예측이나 제대로 된 평가조차 할 수 없는 상황이다. 과거 교육부에서 대학설립과 학과개설을 무분별하게 인허가해주더니, 후에 학교를 통폐합하거나 경쟁력이 떨어지는 학과를 폐지하면 인센티브를 주겠다고 난리다.

정책이란 신중하게 수립되고 문제가 있으면 장기간 보안과 수정을 통해 바로 잡아야 한다. 언젠가 모델 1세대인 이재연 회장을 만난 적이 있는데, 대학교에서 모델학과를 개설하고 학위를 수여하는 것은 과도한 시간과 비용을 지급해야 하는 불필요한 과정으로, 전문대학이나 아카데미에서 집중적으로 가르치면 되는 것을 대학교에서 4년 동안 발목을 묶어두는 것은 불합리하다고 지적하였다.

어디 모델학과뿐인가? 우리나라는 대학 내 많은 독립예술학과를 보유했던 국가이다. 그러나 무분별한 예술대학의 설립은 사학재단의 자본축적 도구로 이용되었을 뿐만 아니라 실업자 양성소로 전락한 지 오래다.

　과잉공급과 작은 울타리 안에서 자신의 영역을 지키고 생존하기 위해서는 기득권자의 눈밖에 벗어나면 안 되는 것이 예술학도들의 현실이다. 따라서 교수의 권한은 절대적일 수밖에 없으며, 학생들은 교수의 연구실적에 동원되어 재능뿐만 아니라 연구비용까지 부담해야 하는 불합리한 구조 속에서 학교생활을 해야 한다.

　교육의 질은 학생들의 미래를 결정한다. 유럽에서는 교수 1인당 지도 학생 수를 15명에서 16명으로 제한하고 있지만, 한국에서는 교수 1인이 100여 명이 넘는 학생을 지도한다. 재단은 비용을 절감하고, 교수는 학생을 나누지 않고 독식하려 하기 때문이다. 그러니 학생들이 4년 내내 지도 교수와 개별 면담은 꿈도 꾸지 못하는 상황이다. 학문에 뜻이 없고 예술단체를 목표로 한다면 굳이 대학에서 과도한 비용부담과 경직된 교육에 얽매여 있을 필요가 있는지도 생각해봐야 할 시점이다. 2014년에는 국내 한 대학교에서 성악과 폐지를 검토하겠다는 기사가 보도되었다. 교수 임용 과정에서 점수 조작과 비리 폭로 등으로 몇 년째 담당 교수직은 공석이고 그 피해는 고스란히 학생들의 몫이 되었다. 해임된 교수는 금전적 요구뿐만 아니라 사적인 행사에 학생을 동원하고, 교수의 눈 밖에 벗어난 학생의 논문을 통과시키지 않고, 규정 보다 열 배가 넘는

논문심사비를 강탈하고, 사적인 심부름까지 시켰다고 하니 경악하지 않을 수 없다.

교수들의 이런 부정은 하루 이틀 일이 아니다. 입시 과외가 불법임을 알고도 과다한 레슨비 책정과 수억 원대의 악기 판매 및 금품수수가 발각되어 감사를 받거나 검찰에 입건되고, 심지어는 교수가 자살한 예도 있다. 또한, 중요무형문화재인 어느 교수는 자신의 제자가 예술 감독으로 위촉될 수 있도록 관계자를 만나서 청탁하고, 직접 심사에 참여해 특혜를 주었다는 의혹이 제기되기도 했다. 그들은 후배나 예술계의 미래는 아랑곳하지 않고 그저 자신들의 이권 챙기기에 급급할 뿐만 아니라 도덕적 해이Moral Hazard가 관습이 된 사람들인 것이다.

교육이 백년대계인 것처럼 예술도 단시간에 성과를 내기 힘들다. 왜냐하면, 오랜 시간 동안 축적된 기교나 양식을 통해 미적 감각을 발휘할 수 있을 때 성과를 낼 수 있기 때문이다. 기성인들의 기여를 모두 비난하거나 급진적 개혁을 바라는 것이 아니다. 다만 학생들은 교육비용을 지급하는 만큼 질 좋은 교육을 받아 마땅한 고객이라는 것을 명심하기 바라는 것이다.

외국 무용가들의 성장 과정

무용舞踊[105]에 타 장르―연극, 서커스, 마술, 건축, 패션, 문학, 그래
픽 등―의 다양한 특징을 적극적으로 수용하고 접목하는 작업
을 함으로써 창의적이고 독창적이며, 실험적인 작품들이 만들
어져 주목받고 있다. 필자가 마기 마랭 무용단La Compagnie Maguy
Marin을 처음 만난 것은 거의 20년 전 〈May B〉라는 작품을 통해
서였다. 테크닉이 전부라고 생각했던 시절 미니멀리즘Minimal-
ism(극소주의)을 처음 접하게 되었으며, 발을 끌면서 걷는 것만으
로도 긴장감을 극대화할 수 있다는 사실에 신선한 충격을 받았

---

105 이탈리아의 궁중에서 발생하여 귀족들의 품위를 유지하기 위한 교양 또는
정치적 도구로써 시작 된 무용舞踊Dance/Ballet은 신체를 재료로 사상과 감
정을 표현하는 시·공간성의 예술로서 총체성總體性을 지니고 있다. 무용
은 크게 공연 예술과 교육적인 측면으로 역할과 기능을 구분할 수 있다.
공연 예술로서 무용은 무대와 무용수, 관객이 존재해야하며, 움직임이라는
신체언어로 한정 된 것이 아니라 하나의 이미지를 만들기 위하여 문학과
음악, 조명, 의상, 분장, 무대미술뿐만 아니라 때로는 영상이나 특수 효과
와의 협력을 통해서 안무자의 의도를 현실화하는 작업으로 모든 공연 예
술의 기본이라 일컫는다. 교육적 측면에서 무용 활동은 발육의 촉진, 운동
기능의 발달, 신체기관의 발달, 사회성의 발달, 정서의 발달, 건전한 오락기
능의 발달, 지적 능력의 발달, 창조적 재능개발, 자아상 확립 등 그 효과는
이루 말할 수 없이 많다.

다. 마랭은 고령에도 춤 언어뿐만 아니라 소리, 리듬, 시각적 이미지를 동원하며 연극 등 다양한 장르와 연계해 현대무용의 새로운 물결[106]을 30년 넘게 혁신적으로 주도하고 있다.

2013년 LG아트센터에서 공연되었던 마랭의 작품 〈총성 Salves〉에 이어, 2015년 9월 25일 토월극장에서 공연되었던 〈징수필Singspiele〉도 매우 기대됐던 작품이었는데 필자의 무용단 일정과 겹쳐 〈징수필〉은 감상하지 못한 것이 못내 아쉬웠다. 마랭의 작품은 연극과 무용의 융합을 시도한다는 점에서는 독일 탄츠테아터Tanztheaater와 형식이 비슷하다고 할 수 있으나, 분명 피나 바우쉬Pina Bausch나 수잔 링케Susanne Linke 등 독일의 신표현주의 작품과는 색채가 다르다고 할 수 있다.

연극적 요소와 문학과의 연계가 더욱 명확하게 드러나며, 작품의 구성 또한 훨씬 자유롭고, 회색 빛깔의 우울함 속에 일상에 대한 관조의 미학이 내재되어 있다는 점 등은 마랭의 작품만이 지닌 독특한 면이 아닌가 싶다. 마랭의 작품에 녹아 있는 연극적 성향은 그녀가 스트라스부르그 발레단Strasbourg Ballet Theatre에서 무용수로 활동하던 시절에 국립극단 배우들과의 교류를 통해 시작되었다. 스페인에서 프랑스로 이주한 아

---

106 누벨 당스Nouvelle Danse.

버지와 스페인 마드리드 출신의 어머니 사이에서 1951년 6월 2일 프랑스 툴루즈에서 태어난 마랭은 툴루즈 컨서바토리Conservatory에서 발레를 배우기 시작한 후, 파리로 가서 니나 비루바Nina Vyrouba에게 사사를 받았으며, 연극과 공연예술 전반에 대한 갈증을 채우기 위해 1970년 모리스 베자르Maurice Bejart의 '무드라 학교Mudra School'에 들어간다. 무드라 학교에서 마랭은 3년 동안 연기, 즉흥적이고 음악적인 구성과 리듬에 대한 학습을 통해 무용가로서 다양한 경험을 하게 된다. 그러나 연극을 향한 마랭의 열정은 식지 않고 지속되어 무드라 학교 동급생들과 극단 결성을 시도하였으나 주목받지 못하고, 베자르의 20세기 발레단에 입단하여 무용수와 안무가로서의 생활에 만족하였다.

1977년 브뤼셀로 이주한 마기 마랭은 연극과 무용에 대한 열정을 찾아 무드라 학교 동창생인 다니엘 앙바쉬Daniel Ambash와 동행했으며, 1978년 그와 함께 Ballet Theatre de l'Arch라는 무용단을 결성하고, 니옹Nyon 및 바뇰레Bagnolet 국제안무콩쿠르에 나갈 작품을 구상했다. 이들은 1977년 니옹과 1978년 바뇰레 국제안무콩쿠르에서 연이어 우승함으로써 세계 무용계에 점차 이름을 알리기 시작하였다. 프랑스 문화성은 세계적 명성을 지닌 안무콩쿠르에서 우승한 마랭에게 경제적 지원과 해외 순회공연이라는 결실을 안겨주었다. 그녀는 1990년대부터는 음악인들과의 협력으로 눈을 돌려 춤, 연기,

연주가 함께 어우러지는 다양한 작품을 시도하게 되었으며 프랑스 정부 외에 크레테이유Creteil로부터 지원금을 받게 되어 1981년부터 무용단의 활동 근거지인 크레테이유 시에 무용단 산하의 국립안무센터를 두었다. 1978년부터 세계 여러 나라에서 공연하기 시작하였는데, 유럽은 말할 것도 없고 남미의 브라질·콜롬비아·칠레, 북유럽의 스웨덴·아이슬란드, 동유럽의 폴란드·체코·러시아·슬로베니아·리투아니아, 아시아의 태국·싱가포르·필리핀·인도네시아·한국 등 세계 많은 나라에서 공연했다.

　　마랭의 성공이 연극과 문학, 음악 등 주변 예술을 활용해서 경계를 무너뜨렸다면 필립 드쿠플레Philippe Decoufle는 서커스를 적극적으로 활용해 공간성의 확대와 일루전Illusion(환상, 환각)의 극대화를 꾀하였다. 그리고 최근에 가장 주목받는 안무가 중 한 명인 아크람 칸Akram Khan은 드라마적인 요소와 동서양을 넘나드는 정서, 신체의 움직임에 집중하고 있다는 것이 마랭과 다른 개성을 가지고 있는 게 아닐까 싶다. 마임 서커스 아카데미 출신의 드쿠플레는 〈바그 카페Vague Cafe〉로 바뇰레 국제 안무대회에서 우승하며 화려하게 데뷔하였다. 영상, 만화책, 서커스, 마술 같은 시각적 효과와 특징을 담은 독특한 스타일과 뛰어난 유머 감각으로 대중과 평론가들에게 찬사를 받았다. 특히 200회 이상 공연된 〈샤잠Shazam!〉뿐만 아니라 〈퍼레이드Parade〉는 한국에서도 공연된 작품으로 무용과 연극

그리고 서커스, 과학적이면서도 수학적인 그래픽을 보는듯한 영상을 통해 공간성의 확대를 꾀하고, 가상과 현실을 넘나든다. 이를 보면 그에게는 예술장르의 경계구분이 없어 보인다. 드쿠플레는 분명 이전의 공연예술과는 다르게 새로운 재미, 환상적인 감동을 관객에게 전하고 있다.

필립 드쿠플레가 공간의 확장(수평에서 수직), 현실과 가상의 경계구분을 모호하게 보여준다면, 영국 런던 태생으로 방글라데시 부모 사이에서 태어난 이민 2세대인 아크람 칸은 노던 현대무용학교를 졸업하고 2002년 아크람 칸 컴퍼니를 설립하여 색다른 면모를 흥미롭게 보여주고 있다. 칸의 작품 〈데쉬 Desh〉는 '고국'이라는 뜻의 80분짜리 솔로작품으로 인도 전통춤인 '카탁Kathak'과 현대무용을 접목한 칸의 스타일을 정확히 볼 수 있는 화제작이다. 2006년 무용비평가협회의 우수 안무가 상을 받으며 돌풍을 일으켰으며, 〈버티컬 로드Vertical road〉에 이어 두 번째 만나는 칸의 작품 〈데쉬〉는 동·서양의 문화와 계층, 세대, 가족 간의 갈등과 충돌, 화해 등이 표출되는 작품이다. 이 작품은 뛰어난 아이디어와 다양한 에피소드를 담고 있으며, 과거와 현재를 넘나드는 연출로 보는 이의 주의를 집중하게 하는 밀도 있는 작품구성을 보여주고 있다. 대머리에 아버지의 얼굴을 그려 반항하던 질풍노도기 같았던 과거의 시절을 보여주는가 하면, 해머 내리치는 소리로 긴장을 고조시키거나 하얀 종이를 빼곡하게 설치하고 그사이에 거꾸로 매달리는 등 1시간 이상의 솔로작품은 보는 이가 지루할 틈이 없다.

　　이처럼 다양성에 기초하여 세계적으로 성공한 안무가들의 행보를 살피다 보면 우리춤의 문제가 무엇인지 알 수 있다. 많은 독립 무용학과를 대학 내에 보유한 우리의 문제는 결국 독립학문과 독립예술이라는 지위나 굴레 안에 갇혀있다는 것이다. 이를 포기하지 못하면 세계적인 안무가를 배출하기는커녕 무용가들이 생존하는 것 자체가 힘들어질 것이다.

문학성을 바탕으로 틀을 깨는 작업
– 보리스 에이프만Boris Eifman의 작품을 돌아보며

종종 연극은 소설에, 춤은 시에 비유된다. 춤과 시는 추상과 상징의 미학을 공유하고 있기 때문이다. 그런 맥락에서 춤추는 시인詩人, 혹은 시詩를 쓰는 무용가는 더할 나위 없는 서정성과 감각을 소유할 가능성이 높다.[107]

  필자의 무용작품에 나타난 서정성은 청소년기, 문학에 심취했던 덕분으로 감성적인 시어詩語들이 작품에 투영되어 있기 때문이다. 시는 때로 논리적 구성이나 사실적인 묘사보다 더 큰 감동을 줄 수 있다. 고도의 상징성과 은유적 표현은 관객에게 작가의 의도를 파악할 수 있는 여지를 남김으로써 작품의 이미지를 더욱 명징하게 각인시킬 수 있다.
  시인 김성옥과의 조우는 1997년 예술의전당 토월극장에서 공연된 '시와 무대미술과 남성춤의 만남'이라는 기획전에서였다. 필자는 당시 김아라 씨가 연출한 연극 〈에쿠우스

---

107 댄스포럼 인터뷰(2001. 10) 중에서, 필자 주.

Equus〉에 흠뻑 빠져 있었고, 알렌의 심리를 정신분석학적 측면에서 작품화하려고 준비 중이었는데 때마침 김성옥의 시 「면죄부」는 '죄와 벌, 용서와 참회, 정죄와 부활'이라는 인간 삶의 원형을 일상적 언어로 잘 표현하고 있어 나는 주저하지 않고 그의 시 「면죄부」를 작품의 모티브로 선택했다.

이후에도 목표를 향해 앞만 보고 달려가는 현대인의 일상을 그린 〈새〉[108], 과거와의 화해를 통해 남과 북의 동질성 회복을 염원하는 〈그리움의 가속도〉[109], 인위적인 하나보다 서로의 존재를 인정할 때 비로소 평화가 공존할 수 있다는 〈아우라지강은 두 갈래로 흐른다〉[110], 동아무용콩쿨 창작부분 금상작 〈백비〉와 제11회 천안시립무용단 정기공연 〈100년의 꿈〉 역시 김성옥 시인의 감각적인 시어를 통해 이루어낸 성과이다.

무용가인 필자가 극장을 찾는 이유 중 하나는 문화를 누리기보다 어떤 의무감에서인지도 모른다. 간혹 의도하거나 기대하지 않았지만 의외의 새로운 자극과 영감을 받아 작품구상의 촉매제로 사용하기도 한다. 그런데 대개의 작품은 관객을 전혀 배려하지 않은 자신의 흥에 흠뻑 취해 끝나는 경우가 허다하다. 그런 면에서 그동안 만났던 에이프만의 작품은 발레

---

108 죽산 국제예술제, 1999. 6.

109 민족춤제전, 2001. 5

110 평론가가 뽑은 젊은 안무가 초청공연, 2003. 6.

의 규격화되고 도식화된 틀에서 벗어나 과감한 실험 정신과 도전적인 시도가 돋보였던 작품이라고 평가할만하다. 기존의 발레는 지나치게 일루전Illusion을 강조하고 허구성이나 규격화된 신체언어가 드러나, 보는 이로 하여금 갑갑함을 떨쳐버릴 수 없게 했다.

그의 몇몇 작품[111]에서는 프레이징Phrasing이나 신체언어의 유사성이 곳곳에 드러나기도 하지만, 문학적 소양이나 음악적 분석력, 작품에 대한 구성 능력이 매우 탁월하게 표출된다. 보리스 에이프만은 1946년 시베리아의 류브쪼프스크에서 태어나 키시뇨프 발레학교Кишинёв Ballet School를 졸업한 뒤 레닌그라드 고등음악원을 다녔던 그는 1972년 졸업작품으로 발표한 〈가이누Gayaneh〉를 통해 신인에게 보기 드문 사상적 성숙도와 치밀한 계획에 따른 참신한 안무와 연출로 센세이션을 일으켰다.

그는 졸업 후 5년간 바가노바Vaganova 기념 레닌그라드 발레학교Leningrad Ballet School의 발레마스터로 근무하였으며, 이때에도 흥미로운 작품들을 많이 발표하였다. 특히 1975년 키로프 발레단Kirov Ballet을 위하여 안무·연출한 〈불새The Firebird〉는 그의 최전성기 작품이라 평가받고 있다. 1977년 형식과 규율에 얽매이는 소비에트 예술을 반대하고 철학성과 문

---

111 〈차이코프스키Chaikovskii〉, 〈붉은 지젤Red Giselle〉, 〈카라마조프가의 형제들Bratya Karamazovy〉.

학성을 모토로 자유로운 표현을 전개한 에이프만은 1989년 레닌그라드 국립 발레단Leningrad National Ballet의 전신인 오노비 발레단Onobi Ballet에서 현대 생활의 요동, 현대인이 가진 갖가지 문제를 발레로 표현하려 했다. 표현 양식으로는 모던 발레와 아크로바틱한 양식을 도입하였지만, 기본이 되는 것은 클래식 발레이며, 문학작품에 표출된 철학적 사고로 인간의 심리를 깊이 파 내려가고 있다는 평판을 얻으며 잠깐 사이에 관객층을 넓혀갔다.

에이프만의 창작 레퍼토리는 크게 두 경향으로 볼 수 있는데, 하나는 재즈와 록 등 현대음악을 사용하여 모던 발레와 아크로바틱의 요소를 많이 도입한 것이며, 또 다른 하나는 클래식 음악과 문학작품을 절묘하게 결합한 것이다. 주로 원작으로 삼은 문학작품들은 셰익스피어Shakespeare, 도스토옙스키Dostoevskii, 보마르셰Beaumarchais, 쿠프린Kuprin 등 대문호의 작품들이며, 이들 작품의 곁가지를 과감히 삭제하여 작품의 기본 사상을 대변하는 등장인물의 의식적 흐름을 작품에서 보여줬다. 아울러 에이프만 안무의 특징은 언어의 풍부함에 있다.

그리고 클래식의 메카인 러시아의 탄탄한 기본기를 바탕으로 세계적인 공감을 얻을 수 있는 작품 소재, 음악적 예리함과 대륙적 기질 등이 그가 이끄는 발레단의 성공 요소라고 할 수 있다. 〈거장과 마르가리타The Master and Margarita〉나 〈백치Idiot〉, 〈십이야Twelfth Night〉, 〈피가로의 결혼Le Nozze di Figaro〉,

〈세비야의 이발사Il Barbiere di Siviglia〉, 〈결투Duei〉 등 대문호의 원작을 각색하여 철학적으로 깊은 의미를 담고 있는 것부터 한없이 밝고 유머러스한 것까지 다양한 내용을 선보임으로써 에이프만 재능의 폭을 보여주고 있다. 고전발레의 답답함으로부터 탈출을 시도한 그의 작품은 소비에트 예술의 개방에도 역할을 담당했다. 동시에 그는 새로운 장르의 개척, 개성의 탐구로 국가 보조금도 받지 못하는 외로움과 경제적인 어려움을 극복하고 현대발레의 역사에서 중요한 인물 중의 하나로 자신의 위치를 확보했다. 이는 예술의 진정한 의미와 예술가의 창조성이 존중받는 시대임을 실감케 하는 것이다. 텍스트Text가 있는 춤, 주변 예술과의 밀도 있는 교류와 폭넓은 이해. 그리고 표현성과 모던 발레의 창의성이 돋보이는 그의 작품을 만난다는 것은 관객으로서 누릴 수 있는 큰 행복임이 틀림없다.

춤 무대의 진화

무대장치의 의미와 효과

광의의 무대장치Stage-Scenery는 무대에 어떤 일루전을 만들어내기 위해 시행되는 장식 일체를 의미한다. 따라서 광의의 무대장치에는 협의의 무대장치, 무대의상, 무대조명 등이 모두 포함된다. 무대장치와 관련된 용어로는 무대미술이 있다. 무대미술이란 무대 위에서 사용되어 공연 전체의 효과를 높이는 데에 소용되는 조형예술(미술)이나 조형적 구성요소를 말하는데, 무대미술은 르네상스 이후 비로소 거론할 만한 수준에 이르렀다. 황후의 축제를 위한 장식에 당시의 미술가 레오나르도 다 빈치Leonardo da Vinci, 라파엘로Raffaello, 브라만테 Bramante 등이 참여했는데, 그중에서도 브라만테는 원근법을 사용하여 큰 효과를 낸 예술가이다.

19세기에 이르러 회전무대가 발명되고 각종 기술적 개량이 이루어져 근대 무대의 발전에 기여했다. 무대조명은 광의의 무대장치의 일부를 이루며, 협의의 무대장치 등과 함께 기술적 극장기구의 가장 중요한 부분을 차지한다. 이것은 무대 공간과 무대에 등장하는 배우를 조명하여 관객의 눈에 보이도록 하는 것만이 아니라, 광선과 색채의 작용에 의해 무대의 예술적 효과를 높이는 것을 임무로 한다. 그 당시 인공 광선은 주로 횃불·초·램프·가스 등이 이용되었으며, 전등의 발명 이후에는 비약적인 진보를 이루었다. 대략 1880년부터 1887년 사이에 유럽의 주요한 극장은 전기설비를 갖추었으며, 전기무대 조명법과 그 기술의 연극적 중요성을 최초로 지적한 미술가는 아돌프 아피아Adolphe Appia였다.

아피아는 배우와 장치 양자에 충분히 조형성을 주기 위해서는 19세기 말의 단조로운 무대조명과는 다른 것이 요구된다는 것, 또한 광선과 함께 그림자가 필요하며 무대의 광선도 현실의 광선과 같이 다루어져야 한다는 것 등을 주장했다. 이후 현대의 무대장치는 조명기술에 극도로 의존하였고, 작품의 구성상 신속한 장면전환의 필요성이 제기되고 18, 19세기에 이르러서는 무대 앞쪽과 뒤쪽을 교대로 사용함으로써 장면 수가 많은 작품을 상연하는 곤란을 사실상 극복하였다. 그뿐만 아니라 라우텐쉴레거Lautenschlger의 회전무대의 발견은 무대전환에 놀랄 만한 진전으로 시간 절약이 최대 장점이었다. 이후 승강무대와 이동무대가 고안되어 무대전환은 더욱 스펙타클한 연출이 가능하게 되었다.[112]

---

112 안영길 외 역, 『美學 藝術學 事典』, 미진사, 1989, 503~553면.

현재 공연예술에서 시·공간성 변화나 전환은 주로 기계 설비에 의한 무대장치의 전환이나 조명과 영상으로 대체되고 있다. 그러나 앞으로는 기계적인 무대전환에서 한 단계 발전한 무대공학을 통해 현실에서 불가능할 것 같았던 상황이 우리 눈앞에 연출될 것이다. 예를 들면, 뮤지컬 〈레미제라블Les Miserables〉의 무대에서는 자신을 은폐시키고 적의 침입을 저지하기 위한 장애물(단애)의 조립과 분리가 순식간에 이루어진다. 뮤지컬 〈미스 사이공Miss Saigon〉에서 헬기 모형이 위아래로 떴다 내리는 장면이나, 뮤지컬 〈오페라의 유령The Phantom of the Opera〉에서 50t의 샹젤리제 등이 무대로 추락하는 장면, 제방의 북소리에 폭우로 제방이 무너지면서 홍수가 나는 장면, 단테Dante의 〈신곡La Divina Commedia〉에서 순식간에 전환되는 물바다와 불바다 장면 등도 모두 정밀 공학의 도움을 받았기 때문에 가능한 것들이다.

무대의 혁신적인 변화

성균관대학교 나노구조연구팀의 이영희 단장은 주름진 산화막과 그래핀-탄소나노튜브로 실리콘 소자의 한계를 극복한 꿈의 신소재를 실제 전자소자에 응용해서, "휘어지는 것을 넘어, 늘일 수도 있는 투명한 소자 및 디스플레이, 접이형 컴퓨터, 의복형 컴퓨터, 피부에 붙이는 센서 등 무한한 활용 가능성을 열었다."고 발표했다. 연구팀은 '주름진 산화물을 이용해

늘어나는 그래핀–탄소나노튜브 전자소자를 개발했으며, 이번에 개발된 소자는 모든 구성 성분이 늘어나고 투명한 특성을 가지고 있다.'[113]고 설명했다. 그래핀Graphene은 탄소 원자들이 6각형 벌집 모양으로 연결된 평평한 판板 형태의 물질이다. 철보다 100배 강하고, 구리보다 100배는 전기가 잘 통하는 데다 투명하고 잘 휘어지는 성질도 있다.[114] 2013년 하반기에는 사상 처음으로 휘어지는 화면, 플렉서블 디스플레이Flexible Display[115]를 쓴 휴대전화가 시판되며 스마트폰 시장에 큰 변화가 예상됐다. 휘어지는 화면은 플라스틱으로 만들어 화면이 휘어지는 것은 물론이고 충격을 줘도 잘 깨지지 않고 얇고 가벼워서 상상만 해오던 형태의 디자인이 얼마든지 구현할 수 있게 됐다. 단기적으로는 사각형 모양에서 벗어나는 것부터 시작해서 접거나 두루마리처럼 마는 형태까지 가능하다.[116]

따라서 그래핀–탄소나노튜브 전자소자를 무대에 적용하면 무대미술 비용과 소모되는 자재를 현격히 절감할 수 있을 것이며, 판타지 영화에서나 가능한 일루전의 극대화가 현실에서 가능하리라 믿는다. 특히 투명인간이 걸어가는 형상을 위

---

113 파이낸셜뉴스, 박지현 기자, 2013. 03. 04.

114 조선신문, 조재희 기자, 2013. 5. 22.

115 마음대로 휘거나 구부릴 수 있는 기술.

116 SBS, 김범주 기자, 2013. 05. 12.

해 무대에서 발자국이 찍혔다가 사라지는 효과나 얕게 깔린 물의 영상에 센서가 작동되어 사람이 걸어가면 파문이 생기는 등, 휘어지는 재질과 투명한 소자인 그래핀–탄소나노튜브로 댄스 플로어Dance Floor나 호리존트Horyzont[117], 윙Wing을 설치하면, 화산폭발이나 단테 신곡에 등장하는 지옥의 불과 물바다를 특별한 설치 없이 현실처럼 시각화할 수 있을 것이다. 또한, 조명의 위치가 배턴Batten[118]이나 타워Tower[119], 풋Foot[120]으로 한정되어 있지만, 이 기술을 적용하게 되면 바닥댄스 플로어에서 위로 빛을 쏘아 올릴 수도 있어 입체적이고 환상적인 장면의 연출도 가능해지리라 믿는다.

그래핀–탄소나노튜브 전자소자를 이용한 스크린을 설치하면 박스형 극장형태로 공간의 효율성과 조명기기의 최소화가 가능하며, 여기에 OLED[121]와 EL[122] 소자를 적용하면 다양

---

117 Back Drop. 지름 15m 원형.
118 천장에 설치되어 있으며 주로 조명기나 설치미술을 고정하는 쇠 파이프.
119 무대 측면에 조명기를 설치하도록 만든 구조물.
120 조명기를 바닥에 설치하는 것.
121 Organic Light Emitting Diode. 유기발광다이오드. 기존 LCD(액정화면)보다 가볍고, 휘어지는 특성이 있으며 전력 소모량이 적어 다양한 디자인의 정보기기 화면표시장치로 쓰인다. 안경·시계 형태로 착용하는 컴퓨터 핵심 부품으로 급부상하고 있다.
122 Electroluminescence. 전계발광. EL 소자는 형광등처럼 형광 물질을 사용

한 색체와 전력의 소모량을 현격하게 줄일 수 있을 것이다. 따라서 공간의 효율적 이용과 장면변화의 편리함, 비용절감 효과, 가상현실의 구현이나 자재의 절감효과 등 긍정적인 영향을 끼치게 될 것이다. 그리고 혁신적인 무대메커니즘의 활용은 미래지향적인 공연예술의 발전과 세계 최초의 새로운 형태의 극장 시스템을 통해 서구의 극장예술에 대한 콤플렉스를 극복할 수 있게 만들뿐만 아니라 기술 이전에 따른 경제, 교육, 문화, 공연예술, 콘텐츠계발 등 다양한 시너지 효과를 창출할 수 있을 것이다.

해 빛을 낸다. 한 번에 넓은 면적으로 빛을 발산하기 때문에 편하면서 값이 싸지만, 다채로운 색깔을 구현하기 어렵다.

●

자연스러움이란?
고도로 정밀하여 조화로운 상태이다.

●

둘째 마당
무용가의 예술관

현대예술로서 무용은 1927년 무렵부터 시작되었는데 현대
무용의 창시자이면서 페미니스트로 잘 알려진 이사도라 던컨
Isadora Duncan은 미국 출신의 현대무용가로 전통 발레처럼 엄
격한 형식과 현란한 기술에 의존하는 발레에 반발하며 자유롭
고 개성적인 표현력을 강조한 현대무용의 개척자로 인간의 모
든 움직임을 통해 새로운 미美를 창조하려는 이념적·형태적
혁명가라고 할 수 있다.

특히 현대무용은 발레의 형식적이고 고전적이며 때로는 서
술적인 측면과는 대조적으로 현대인의 직접적인 관심사를 강
력하게 표현하기 시작했다. 이후 뉴욕에 기반을 둔 많은 새로
운 무용수와 안무가는 훈련된 기교를 버리고 극장이 아닌 공
간에서 공연했으며 움직임의 반복·즉흥·미니멀리즘뿐만 아
니라 노이즈Noise·노래·말 그리고 영화를 비롯한 복합 매체
효과들을 활용하는 포스트모던댄스Post-Modern Dance를 탄생
시켰다.

규격화된 발레에 반기를 들어 토슈즈Toe Shoes를 신지 않은
맨발과 헐렁한 의상을 입고 춤을 추던 이사도라 던컨으로 말

미암아 창작무용이 현대예술로 인정받았으며, 무용의 대상이 될 수 없다고 여겨지던 것들에 대한 고정관념이 해체되었다. 그녀의 자유로운 춤은 발레에 익숙해 있던 관객들에게 충격적으로 받아들여졌고, 미국을 비롯해 러시아와 독일 등 유럽 각국의 무용수들에게 신선한 자극을 주었다. 그런 면에서 예술가의 사고는 작품의 방향성을 제시하고 사조를 형성하는 데 크게 기여할 수 있다

품격 있는 춤을 레퍼토리로 남겨 놓고 싶어

월간 『춤』 인터뷰[123]

▶ 자기소개를 부탁한다.

전남 광양 출생으로 늦깎이로 무용을 시작해 서울시립무용
단을 거쳐 한양대학교 박사를 마치고, 한국예술종합학교와 서
울문화예술대학교 겸임교수를 역임하였으며, 현재는 천안시
립무용단 상임안무자로 재직하며 안무가, 교육자, 공연기획 및
연출가로 활동하고 있다.

▶ 천안시립무용단 예술감독으로서 〈석오 이동녕李東寧–100년의 꿈〉
에 이어 〈색춘향色春香〉 작품을 정기공연 무대에 올려 좋은 평을
받았다. 조택원 선생의 〈춘향조곡〉도 국립극장 무대에 올라 관객
을 즐겁게 한 바 있다. 특별히 춘향 공연을 선택하게 된 계기는?

'네 개의 시선, 일곱 가지 빛깔'이라는 부제가 달린 〈색춘향〉
은 신윤복의 〈월하정인도月下情人圖〉와 중첩된 이미지를 사용
하여 인문학적 접근과 전통춤의 재해석을 바탕으로 무대와 관

---

123 조은경 주간, 2015. 5.

객의 새로운 관계설정을 모색하기 위한 작품이었다. 〈월하정인도〉와 같은 에로틱한 그림이 그려질 수 있었던 데에는 신윤복이 살았던 영·정조 시대의 사회 분위기도 한몫했을 것이다.

당시는 서민들이 자기 생활에 대한 관심과 현실 직시가 문화·사회적인 제반 분야에 미치기 시작한 때이고 우리가 잘 알고 있는 〈춘향전春香傳〉이 창작된 것도 이 시기이며, 숙종 이후에 비롯된 판소리도 이 시기에 그 예술적 지위를 확립하고 서민의 애환을 실어 주는 가극歌劇으로 자리 잡았다. 이런 시대적 배경을 바탕으로 〈춘향전〉에 전통춤을 아름답게 채색해 구성하였다.

▶ 〈색춘향〉 작품을 소개한다면?

'네 개의 시선과 일곱 가지 빛깔'은 춘향과 몽룡의 만남, 이별, 그리움, 재회라는 네 개의 장면과 상황에 맞게 배치된 일곱 가지 전통춤을 의미한다. 신윤복의 〈월하정인도〉를 통해 스펙트럼에 투영된 사물을 관찰하듯 다양한 색채로 〈춘향전〉을 재구성하였다.

▶ 〈색춘향〉에서 특별히 애착을 가지는 부분이 있다면?

작품을 하나의 이미지로 탄생시키기 위해서 다양한 협력 작업이 이루어졌다. 애착이 가는 부분이라면 왕기석 명창의 사설과 창, 장석영의 절제된 조명과 황정남의 서정적 이미지 영

상, 민병구의 아름다운 설치미술, 그리고 작품을 세련되게 뒷
받침해준 민천홍과 신근철 의상 디자이너의 다양성을 하나의
이미지로 만든 연출력이 아닐까 싶다.

▶ 재구성 및 지도 등이 필요했던 이유?

예술감독의 임무는 단원들의 역량 강화와 레퍼토리의 발굴,
무용단의 스타일을 결정하는 것이라고 한다. 나는 강태홍류姜
太弘流의 '산조춤'을 통해 춘향의 단아한 맵시를 표출하고 동시
에 단원들에게 품격 있는 춤을 레퍼토리로 남겨주고 싶었다.

▷ 천안시립무용단은 어떤 단체인가? 활동상황은? 본인이 부임 이
  후 무용단에 변화를 주거나, 새롭게 계획한 것이 있다면?

천안시립무용단은 2005년 7월 창단되어 현재까지 〈스크루
지Scoorge〉와 〈신데렐라Cinderella〉 등 쉽고 재미있는 소재의 작
품과 〈천안 흥타령 춤 축제〉과 같이 전통춤을 재구성하는 등
다양한 작품으로 시민들에게 볼거리를 제공하였다. 좋은 작품
을 위해서는 내부의 결속력과 단원들의 기량 향상이 가장 우
선되어야 한다는 생각에 부임 당시 '천안시립무용단ONE'이
라 칭하고 단원들에게 세 가지를 주문했다. 주문한 바는 다음
과 같다.

"첫째, 여러분은 예술가입니까? 그렇다면 예술가의 품격을
잃지 마십시오. 최고의 예술가가 될 수 있도록 제가 여러분과
함께 뛰고 땀을 흘리겠습니다. 둘째, 여러분은 프로입니까? 아
마추어가 아니라면 오로지 실력으로 자신의 가치를 증명하십
시오. 셋째, 우리는 하나의 공동체입니다. 개인의 심성이 전체
에 반영되고 그것이 곧 우리의 이미지가 됩니다." 이다. 이 세
가지를 바탕으로 기본과 원칙에 충실하며, 공정한 평가와 기회
를 제공하기 위해 노력하고 있다.

▷ 천안시립무용단을 어떻게 이끌어가고 싶은지?

천안시립무용단은 천안시민의 문화·복지의 일환으로 시민

의 예술작품 향유하고 체험할 수 있는 기회를 제공하기 위한 단체이다. 따라서 시민의 눈높이에 맞는 동시대성을 재현하고, 천안을 소재로 한 작품을 통해 천안 시민의 자긍심을 불러 일으킬 수 있도록 최선의 노력을 다할 것이다. 아울러 그동안 쌓아온 무형의 자산을 바탕으로 예술적 역량을 발휘할 기회라고 생각하고 천안 시민의 문화적 욕구와 단원들의 기대를 어떻게 충족시켜야 할지 고민 중이다.

▶ 특별히 마음에 드는 무용수나 스태프가 있다면? 그 이유는?

협력 작업에 참여한 모든 스태프와 무용수가 작품을 탄생시킨 중요한 구성원이지만, 직업무용단원이 되면 대개 안주하거나 수동적이 될 수 있는데, 이번 작품에서 주역과 조안무를 맡은 김진아 수석은 적극적이고 능동적인 무용수로 작품에 크게 기여해주었다. 지면을 빌어 김 수석에게 고마운 마음을 전하고 싶다.

▶ 안무자로서 여러 권의 책을 낸 수필가이자 칼럼니스트이고, 무엇보다 시인이다. 한국춤에 있어서 춤 세계가 넓은 것이 이런 다양한 영역에서의 시도 및 성취와 무관하지 않은 듯싶다. 이와 관련하여 소개 부탁한다.

이 질문에 대한 답으로 전 국립극장장과 의정부 예술의 전당 사장을 역임한 최진용 님의 추천 글을 대신할까 한다.

'그의 온몸에서는 언제든지 시詩와 음악, 춤과 색채가 뛰어나올 준비가 되어 있다. 그 이유는 삶 자체가 예술이며, 무용이고 또한 그가 꿈꾸는 전부이기 때문이다. 그의 무용은 시이자 철학적 사유이며, 사색의 몸짓이다. 그가 쓰는 시는 외로운 날의 일기와도 같은 기록이지만 단순히 외롭거나 아픈 것만은 아니다. 아픔과 외로움을 넘어서려는 아름다운 노력은 밝은 채광을 통해 빛나고 있기 때문이다. 그의 삶 자체가 무용을 닮았는지, 그의 무용이 삶을 닮았는지 그 답을 그의 글을 통해 찾아보는 것도 재미있을 것이다.'

▶ 신작에 대한 계획은? 더불어 '좋은' 예술작품을 만들 능력이 개인 무용단보다는 국공립단체에 있는 지금의 지원체계 속에서 독립 예술가들보다 안정적이어서 좋은 작품을 제작하는 것이 가능한지 아니면 다른 제약이 '좋은' 예술작품 창작을 더 어렵게 하는지 궁금하다.

2015년 12월 하반기 정기공연은 〈크리스마스의 기적-'Love Is...'〉라는 사랑에 대한 에피소드를 무용극Dance Theater의 형태로 선보일 예정이다.

전문직업무용단에는 공연을 위해 작품제작비와 연습할 수 있는 공간, 뛰어난 무용수가 제공되기 때문에, 예술가에겐 안정적으로 작품에 매진할 수 있는 기회이며 축복이 될 수 있다. 하지만 시민들의 문화향수와 체험이라는 공공성에 방점을 두

어야 해서 시민들의 눈높이를 배려하지 않을 수 없다. 따라서
예술성과 대중성의 적절한 배분과 주제 선정에 대한 제약, 실
험성 결여는 어느 정도 고려할 수밖에 없는 것도 사실이다.

▶ 안무할 때 춤 작가로서 중요하게 생각하는 것은 무엇인가. 한국춤
　의 창작이 다른 분야의 창작과 비교해서 어려운 이유는 무엇인가?
　　약 20년 전, 월간 『춤』의 조동화 발행인은 동아무용콩쿨 운
영자문위원이던 당시 현대무용과 모던발레처럼 한국창작무
용도 컨템포러리 댄스Contemporary Dance의 범주에 포함시켜
야함을 주장했다고 한다. 그 제안이 실현되었더라면 더디긴
했어도 한국창작무용이 세계화로 갈 수 있는 초석이 되었을
것이다.

　　창작은 '예술 작품을 독창적으로 만들거나 표현하는 일'을
뜻하는데, 여기서 말하는 독창적이란 '자기 혼자 힘으로 새롭
고 독특한 것을 고안해내거나 만들어내는 일'을 일컫는 말이
다. 정부의 정책적 지원도 중요하지만, 우리가 동시대적 객관
성의 결여라는 덫에 갇혀 버린다면 앞으로도 변화나 발전을
기대하기 어려울 것이다.

　　일본의 부토舞踊는 '암흑의 춤' 또는 '죽음의 춤'이라는 의미
로 전쟁에서 패배한 일본인들의 육체적 고통과 정신적 공황을
독일의 표현주의와 일본 전통춤인 가부키의 형식을 바탕으로
체계화한 일본식 현대무용이다. 미적 범주의 확장, 독일의 표

현주의의 철학적 수용과 일본 전통춤의 형식을 현재적으로 적용하는 등 새로운 관점에서 미학적 가치를 실현하려는 의지와 용기가 있었기에, 부토가 세계무대에서 당당하게 인정받는 것이 아닌가 하는 생각을 해본다.

▶ 좋아하거나 존경하는 인물이 있다면?

서울세계무용축제SIDance 2014에 초청되었던 마기 마랭 무용단La Compagnie Maguy Marin과는 거의 20년 전 〈May B〉라는 작품을 통해 처음 만났다. 테크닉이 전부라고 생각했던 시절 미니멀리즘을 처음 접하게 되었으며, 발을 끌면서 걷는 것만으로도 긴장감을 극대화할 수 있다는 것에 신선한 충격을 받았다. 이처럼 춤 언어뿐만 아니라 소리, 리듬, 시각적 이미지를 동원하며 연극과 문학 등 다양한 장르와 연계하는 현대무용의 새로운 물결을 주도하고 있는 그녀를 좋아하고 존경하는 인물로 꼽고 싶다.

▶ 최근 접하거나 관심 가지고 있는 작품이 있다면?

아크람 칸이 드라마적인 요소와 동서양을 넘나드는 정서, 신체의 움직임에 집중하고 있다는 것이 내게 깊은 인상을 주었는데, 그의 작품 〈데쉬Desh〉는 '고국'이라는 뜻의 80분짜리 솔로 작품으로 인도 전통춤 '카탁Kathak'에 현대무용을 접목한 화제작으로 2006년 무용비평가협회의 우수 안무가 상을 받으며 돌풍을 일으켰다. 〈버티컬 로드Vertical Road〉에 이은 그의 또 다른 작품인 〈데쉬〉는 문화, 세대, 가족 간의 충돌과 화해 등이 녹아 있는 작품으로 기발한 아이디어를 통해 8개의 에피소드를 담고 있다.

빡빡머리에 페인트를 칠해 아버지를 닮은 얼굴을 만들어내기도 하고, 과거로 돌아가 아버지에게 반항하던 폭풍 같은 10대로 변하기도 하며, 해머 내리치는 소리로 긴장을 고조시키거나 하얀 종이를 빼곡하게 설치한 사이에 거꾸로 매달리는 등 1시간 이상의 솔로 작품이 지루할 틈이 없었다. 동시대 예술가로서 작품에 대한 집중력과 자유로운 상상력을 현실화하는 추진력에 찬사를 보내지 않을 수 없다.

▶ 천안 시청에서 공연했는데 천안 예술의 전당과 어떻게 다른가? 직업무용단의 미래에 대해서 하고 싶은 말이 있는지?

천안 시청에 봉서홀이라는 1,100석 규모의 극장이 있다. 천안 예술의 전당에 비해 열악한 무대이지만 시민들의 접근성을 배려해 봉서홀을 활용하게 되었다. 직업무용단의 성공과 발전을 위해 작품에 대한 다양한 접근 방식과 예술단 노조의 득과 실에 대한 공론화와 점검이 필요한 시기이다.

작품의 다양화는 교육에서부터 출발해야 한다. 그러므로 독립무용학과를 고집하는 우리의 교육체계는 지나치게 폐쇄적인 면이 있다. 다른 분야와의 협력은 지속적으로 기회가 주어지고 학습이 돼야만 가능한 일이다. 그러기 위해서는 외국의 사례처럼 대학 내 독립학과가 아닌 무용과 연극, 무용과 체육, 무용과 영상미디어, 무용과 인문학 등 융합이 이루어질 수 있도록 제도 개선이 필요하다.

아울러 무용학도들의 진로와 무용단의 발전을 위해서는 노동시장의 유연성이 담보 되어야 하며, 그러기 위해서는 직업 무용수에 대한 자긍심이 발휘될 수 있도록 공정한 기회제공과 대우뿐만 아니라 단원들 스스로 본분에 대한 자각이 필요하다고 생각한다.

무용가 탐구

『춤과 사람들』 인터뷰[124]

한국무용가 김종덕, 그는 2013년 6월 20일 춤 입문 25주년을 계기로 쓴 『모난 삶에 호통 치지 마라』의 출판기념회와 공연, 6월 16일과 7월 18일 〈Talk & Dance〉라는 공연의 기획·연출·출연 등으로 바쁜 일정을 보냈다. 젊은 나이에 책을 쓴 한국무용가 김종덕을 탐구해본다.

▶ 국문학과에 합격하고도 포기했다던데?

『접시꽃 당신』을 쓰신 도종환 시인의 친한 친구인 임정아 선생이 나의 고등학교 은사이다. 그분이 나의 문학적 소양을 일깨워주었고, 「내가 좋아하는 모든 것」이라는 시를 시화전에 출품하도록 도왔고, 교내 백일장에서 「누나」라는 시로 장원한 이후 「아버지」란 시를 일간지에 몰래 보내 난생처음으로 나의 시가 인쇄되어 세상 밖으로 소개되기도 했다. 그런 인연과 관심으로 국문학과에 합격했지만, 가정형편이 넉넉하지 못한 데다

---

124 이수연 기자, 2013. 8.

6남 2녀의 막내이자 늦둥이다 보니 부모님께서 연로하시고 병환 중이라 학업을 포기해야만 했다.

▶ 어떻게 무용가가 되었나?

연극을 위해 무용을 처음 접하게 되었다.

▶ 쉽게 무용가가 되기로 결정하지는 않았을 텐데?

그 당시로는 남성이 무용가가 된다는 것은 매우 생소한 일이었다. 하지만 춤이라는 장르가 시처럼 창의적인 언어를 만들어 표현의 도구로 활용된다는 것에 큰 매력을 느꼈다. 내게 춤은 힘든 시기에 억눌린 감정을 해소할 수 있는 일종의 방편이기도 했다.

▶ 억눌린 감정이라면?

부모님께서 워낙 엄격하셨다. 항상 빈틈없으신 부모님의 기대를 충족시키려니 심리적 압박이 심했던 것 같다. 그래서 춤을 통해 심리적 압박에서 벗어나려고 한 것은 당시 내게는 매우 절실한 과제였는지도 모른다.

▶ 그런 성격이라면 현대무용과 어울릴 것 같은데?

재학시절 많은 사람이 내게 전공을 바꾸는 것이 어떻겠냐고 권유하기도 했다. 하지만 나는 한국적 정서로 표현하는 것을 즐겼고 그게 내게 어울린다고 생각했다. 아마도 한국적 현대무용에 대한 갈증이 심했던 모양이다.

▶ 젊은 나이에 한국적이라는 생각을?

나만의 독특한 나이 계산법이 있다. 우리 민족의 DNA에는 5천년 역사와 선조들의 경험이 응집되어 있다. 그러니 내 나이는 5천년 더하기 실제 나이인 셈이다. 우리가 아무리 서구화된다고 해도 정서만큼은 한국적 테두리에서 벗어날 수 없다고 판단했다.

▶ 현재 한국적인 것의 현재화는?

해외 유명 안무가들의 워크숍과 공연 참여 그리고 작품관람을 통한 간접경험은 우리 것을 현재화하고자 하는 노력의 일환이었다. 우리보다 무대메커니즘이 발달한 그들을 넘어서기 위해서는 배우지 않으면 안 된다고 생각한다. 토대나 초석도 없이 건물을 올릴 수는 없잖은가. 앞으로 컨템포러리 댄스로서 한국창작무용을 더욱 많이 만나게 될 것이다.

▶ 한국창작무용이 현대무용을 한다는 비판도 있다.

나는 한국적 현대무용, 즉 한국무용의 현재화를 위해 현대무용과 발레, 인접 분야의 예술에 관심 갖기 시작했다. 서구적 사상과 몸짓을 그대로 따르려는 것이 아니라 그것들의 한국적

내 젊은 날의 초상

수용을 위해 고민하는 과정이었다.

▶ 생각이 매우 진취적이다.

다양한 경험, 즉 신문방송학과와 연극영화과, 철학과, 의류학과 등에서 매스컴과 현대사회, 연기·연출법, 조명과 구성, 미학과 심리학, 의상 등 공연에 관련되는 것이면 닥치는 대로 공부했고, 그것들은 열린 사고의 확장으로 이어졌다.

▶ 말을 잘한다. 무용가가 꼭 뛰어난 언변을 가질 필요는 없다고 생각하는데.

　무용가가 유창한 말솜씨를 자랑할 필요는 없겠지만, 작품을 구성하고 그것을 설명할 때 논리성은 가져야 한다. 무용수들에게 이해를 구하지 못하면 의도와는 달리 주제와 동떨어진 작품이 공연되고 그러면 관객은 재미와 흥미를 잃을 수 있기 때문이다. '예술은 사회를 반영한다.'고 하는데, 그러기 위해서는 책과 신문은 사회와 소통하는 중요한 수단이 될 수 있다. 저는 책 읽기를 좋아하며 후배나 제자들에게도 독서를 많이 권하는 편이다.

▶ 춤을 늦게 시작해서 더 넓은 안목을 가질 수도 있었을 것 같다.

　맞다. 현재 우리의 무용교육 시스템에 조기 입문하는 것은 바람직한 현상은 아닌 것 같다. 무용을 즐길 수 있는 분위기와 창의적인 사고를 할 수 있는 교육 환경이 조성되어야 하는데, 우리는 표본을 만들어 놓고 거기에 맞추길 원하는 획일화된 교육방식을 채택하고 있다.

▶ 늦은 입문으로 한계를 느낄 수도 있었을 것 같다.

　그럴 수도 있지만, 유행을 좇거나 획일화되지 않는다는 장점도 있다. 어떻게 잘 배우는가와 본인의 열정과 노력에 따라 한계점은 점점 축소되는 것이라고 생각한다.

▶ 무용가로서 경제관념은 어떤가?

내가 가장 부유했던 시기는 대학생 때이다. 과외비와 장학금, 집에서 보내준 등록금 등으로 마기 마랭, 피나 바우쉬Pina Bausch, 산카이 주쿠山海塾 등 무용가들의 작품을 가장 비싼 좌석에서 봤고, 연극 〈에쿠우스〉, 뮤지컬 〈오페라 유령〉·〈캣츠〉·〈레미제라블〉, 유물전과 명화 감상, 작품제작 등 자신에 대한 투자에는 아낌이 없었다. 늘 어떻게 수익을 창출할까보다 지출할 것만 생각하니 역시 넉넉한 살림살이는 힘들었다.

▶ 그동안 작품에는 어떤 주제를 다루었나?

과거에는 무용의 주제가 거창하고 대단한 것이어야 한다는 고정관념에 사로잡혔었다. 그러나 지금은 내가 경험한 일, 내 주변의 이야기로 관심이 옮겨갔다. 내가 이해하지 못하는 주제는 당연히 관객도 이해할 수 없고 감동도 축소될 테니까.

▶ 『춤과 사람들』에 기고한 「나의 보물」이라는 글을 작품에 인용했던데.

원고청탁을 받아서 쓴 글의 내용이 어머님에 대한 소중한 기억들이었다. 그래서 〈Goodbye Mom〉이라는 작품이 만들어지게 되었다. 잡지사에 깊이 감사하는데 원고청탁을 받지 않았다면 그 글을 쓰지도 않았을 테고, 작품도 만들어지지 않았을 테니 말이다. 우린 모두 부모님에 대한 원죄를 지니고 태어났다. 그래서 관객들이 감정이입이 더욱 잘된 작품이었던 것 같다.

▶ 극장을 벗어나 공연을 많이 하지 않았나?

그런 경험이 꽤 있다. 김남조 시인의 시화전이나 한국 문인화의 대가인 창현 박종회 화백의 전시회, 방송 및 각종 축제, 출판기념회 등에서 의뢰가 오면 종종 공연하기도 한다.

▶ 조명이나 영상 등 무대 메커니즘의 활용에 적극적이던데.

안무를 시작하면서부터 무대 구성과 조명디자인을 염두에 두는 편이었다. 최근에는 무대설치보다 영상을 더 많이 활용하고 있다. 즉 다양한 무대메커니즘의 활용을 극대화하려는 시도이다.

▶ 전통춤은 추지 않나?

이매방 선생으로부터 전통춤을 사사 받기도 하고, 강습회를 통해 정재와 민속춤을 두루 익혔지만, 한 가지도 제대로 못 하면서 여기저기 기웃거리는 것 같아 전통춤으로는 당분간 무대에 서지는 않을 작정이다.

▶ 서울시립무용단에서도 활동하지 않았나?

배정혜 단장과 임학선 단장이 재임하던 때 2년 6개월 동안 단원으로 활동했다.

▶ 궁극에는 어떤 작품을 남기고 싶은가?
관객이 즐겁거나 흥미롭게 보며 감동할 수 있는 작품이다.

관객을 향한 배려

『파워코리아Power Korea』 인터뷰[125]

▶ 김종덕 안무가와의 만남이 그저 반가웠다. 첫 연락 이후, 석 달이
조금 넘어 뒤늦게 성사된 서면 인터뷰(천안시립무용단이 창단 10주년
을 맞이한 탓에, 스케줄을 맞추기 어려웠다.)라는 이유를 제외하고서라
도 그랬다. 그저 반가울 수밖에 없었던 이유는 단 하나. 비전문인
인 기자에게 무용은 아직도 다소 거리감이 느껴지는 분야 중 하
나이지만 김종덕 안무가를 통해서는 무용을 좀 더 편안하게 이해
받을 수 있을 것만 같다는 생각 때문이었다. 현역에서 활동하고
있는 예술인으로서 참 감성적인 사람, 누군가는 그를 애칭으로
'어린 시인'이라고 불렀다던 지난날, 습관처럼 글을 즐기는 무용
가라는 사실만으로 그는 충분히 한 번쯤 인터뷰하고 싶은, 아니
인연을 맺고 싶은 사람이었다. 그 감성에 기자는 이끌렸다.

---

125 지윤석 기자, 2015. 4.

꼭두의 눈물

▶ 그렇게 그의 삶의 전부가 되었다

저는 지나치리만큼 혼자 잘 지낸다. 그런 탓에 홀로 사색하는 시간도 많고 독서나 글쓰기도 자주 하는 편이다. 따로 작품구상을 위해 영화나 공연 및 유물전시를 즐기기도 한다. 최근(2015)에 관람했던 공연은 세계적인 무용가 아크람 칸의 〈데쉬〉였고 전시는 쿠사마 야요이草間彌生 특별전, 김중만 사진전, 그리스 로마 유물전 등이다.

▶ 관람 폭이 조금 넓은 편인 것 같다.

다양하게 보는 편이다. 사진전부터 설치미술에 이르기까지

보고 듣고 느끼는 모든 것이 무형의 자산인 동시에 작품의 소재가 되기도 하기에 따로 구분을 두지는 않는다.

다재다능했던 그의 나이 열아홉, 한참 하고 싶은 일이 참 많았던 시기였다. 누군가는 대문호가 되리라 예상했고, 누군가는 연예인, 또 누군가는 스포츠선수가 될 것이라고 조언해주었기에 정작 본인도 미래가 기대되었으리라. 하지만 삶은 늘 그렇듯 누구도 예측하지 못한 방향으로 흐른다는 것, 그것을 열아홉의 김종덕은 받아들여야만 했다. 힘들었던 환경 속에서 대학을 포기하고 방황하던 시기, 문득 연극배우가 되기 위해 뒤늦게 시작했다던 무용은 그의 삶의 전부가 되었다.

적어도 춤을 추는 동안에는 희열을 통해 그토록 잊히지 않던 외로움과 고통을 함께 잊을 수 있었기에 무용은 그의 삶에 정말 고마운 존재였다. 결과적으로 그가 지금처럼 다양한 작품을 감상하고 영감을 얻을 수 있다는 것, 국문학을 전공하고자 했던 그가 어릴 적 닿지 못했던 첫 관문에서부터 그리 멀지 않게 생활하고 있는 현재 역시 모두 무용 덕분이었다.

▶ 관객을 배려한다는 것

'예술가는 철저하게 관객을 배려해야 한다.' 그간 김종덕 안무가를 취재했던 기사 중, 가장 관심을 갖게 되었던 글귀였다. 현대사회에서 무용가로 활동한다는 것에 대한 호기심, 더불어 전통을 보존하기 위해─장인과 비슷한 의미로─필요로 하는 일종의 고집 같은 것들이 그의 마음에도 존재하는지 궁금했다.

> "예술은 시대를 반영하는 '거울'이라는 말이 있다. 시대
> 가 변하면 언어도 변하기 마련이다. 한국 전통춤 역시
> 창작된 그 시대에 속한 예술을 뜻하는 것이지, 현대인을
> 대상으로 무조건적 수용돼야 하는 것은 아니다. 그러니
> 관객과 소통하고 공감하기 위해서는 전통춤의 정서나
> 원리를 시대에 맞게 발전시켜야 한다는 의미다."

정리하자면 그가 이야기한 배려는 곧 발전을 뜻하는 것이라고 할 수
있다. 현재의 관객을 대상으로 그 시대의 춤 언어를 적극적으로 활용
하여 '소통'하고자 하는 것이 취지이기에 관객을 기준으로 받아들일
수 있는 부분은 적극적으로 수용한다는 것이 그의 의견이었다. 무조
건적인 받아들임 또는 변화와는 다소 차이가 있다고 할 수 있다.

▶ 어느덧 봄, 새롭게 접근하는 〈춘향전〉

2015년 4월 10일, 천안시립무용단은 김종덕 상임안무자의
지휘로 천안 시청 내 봉서홀에서 춘향가의 재해석을 바탕으로
한 〈색춘향〉을 공연한다. 어쩌면 앞서 이야기한 '관객에 대한
배려'가 담긴 작품의 연장선상에서 이번 공연은 가장 그 의미
에 충실한 작품이 되지 않겠냐는 생각을 하고 있다.

"〈월하정인도〉와 같은 에로틱한 그림이 그려질 수 있었던
데에는 신윤복이 살았던 영·정조 시대의 사회 분위기도 한몫
했을 것이다. 그 당시는 서민들이 자기 생활에 대한 관심과 현

실 직시가 문화·사회적인 제반 분야에 미치기 시작한 때이고 우리가 잘 알고 있는 〈춘향전〉이 창작된 것도 그 시기이며, 숙종 이후에 비롯된 판소리도 같은 시기에 그 예술적 지위를 확립하고 서민의 애환을 실어 주는 가극歌劇으로 자리 잡았다. 더욱 인문학적인 접근과 고전을 재해석할 것으로 기대되는 천안시립무용단의 공연이 대중과 직접 소통할 수 있는 흥미로운 무대가 되었으면 하는 바람이다."

그가 준비하는 이번 공연은 월하정인도의 중첩된 이미지를 사용하여 인문학적 접근과 전통춤의 재해석을 바탕으로 무대와 관객의 새로운 관계설정을 모색하는 계기가 될 것으로 보이며 춘향과 몽룡의 만남과 사랑을 다양한 구성과 연출로 선보일 예정이다.

별에서 온 그대,
열정과 에너지 또한 뜨겁고 강하다

『주간인물』「인물 초대석」인터뷰[126]

▶ 우리 춤의 현대화를 위해 장르 간의 경계를 과감히 무너뜨리는 무용가가 있다. 무용계의 별종으로 통하는 김종덕 대표. 그의 춤은 전통의 변용이나 재현이 아니다. 그는 한국무용이 전통을 바탕으로 시대를 반영하는 동시대의 예술이 되도록 노력하고 있으며, 사소한 사건들을 작가 관점에서 어떻게 관객에게 각인시키고 흥미롭게 할 수 있느냐를 고민한다. 이에 『주간인물』은 우리 춤의 근원을 알기 위해 동양사상을 공부하고, 글을 즐겨 쓰는 무용계의 시인인 김종덕 대표를 만나 가슴속 불타는 예술혼을 조명해보았다.

▶ 무용계의 별종, 그는 천생 예술인

"늦은 나이에 가족들 몰래 시작한 무용이라 많이 힘들었다. 그러나 춤추는 순간 느끼는 큰 희열 때문에 외로움과 고통도 잊을 수 있었다."

---

126 임혜진 기자, 2014. 11.

고등학교 시절, 국어 선생님의 지도와 관심으로 국문학과에 합격했지만 아버지의 병환과 집안 환경 때문에 학교를 포기해야만 했던 그는 연극에 관심을 갖게 되고, 그 일을 계기로 무용에 매료되었다고 한다.

"가족 몰래 학원에 다녀 5개월 만에 무용학과에 합격했다. 아버님께서는 돌아가시는 그 순간까지 무용을 전공한다는 사실조차 모르셨고, 가족들은 도움을 줄 수 없는 상황이라 묵인하거나 눈치조차 채지 못했다. 부족한 실력을 향상해야만 장학금을 탈 수 있었고, 과외와 학과공부를 하느라 아침 일찍부터 밤늦게까지 몸을 혹사해 병원에 실려 간 적이 한두 번이 아니었다."

그렇게 대학원을 마치고 서울시립무용단에 들어가게 된 김 대표는 타성에 젖을 것이 두려워 무용단을 그만두고 2001년에 '창작춤집단 木'을 설립했다고 한다.

"장르의 구분을 없애고 동시대성을 추구하기 위한 단체였다. 되돌아보니 독립무용가로 생활한다는 것은 무모하고 어리석은 일이었다. 아무튼, 그런 과정이 밑거름이 되어 척박한 춤판에서 살아남을 수 있지 않았나 싶다."

그는 서울시립무용단을 거쳐 '창작춤집단 木'대표로 활동하다 2014년 6월 23일 천안시립무용단장으로 부임했다. 사실 그는 천안시립무용단의 최초 공채 단장이다. "천안시립무용단은 천안 시민의 문화·복지의 일환으로 천안 시민에게 예술작품

향유와 체험 기회를 제공하기 위해 설립된 단체이다. 따라서 시민의 눈높이에 맞는 동시대성과 천안을 소재로 창작된 작품을 통해 천안 시민에게 자긍심을 불러일으킬 수 있도록 최선의 노력을 다할 것이다.

▷ 100년의 꿈

올해는 항일 무장투쟁의 전사들을 배출한 신흥무관학교가 설립된 지 100년 하고도 두 해가 되는 해이다. '뭉치면 살고 흩어지면 죽는다.', '산류천석山溜穿石'[127]이라는 명언을 남기며 광복되는 그 날까지 투쟁할 것을 독려한 석오 이동녕 선생. 그는 대한민국 임시정부의 정신적 지주이고, 백범 김구 선생이 존경했던 인물이며, 윤봉길 의사의 마지막 일기장에서도 이동녕 선생의 초상화가 발견될 만큼 독립군 양성에 힘썼던 천안의 인물이다.

"나는 애국지사의 고장인 천안을 새롭게 재조명하고, 한국 창작춤의 동시대성과 새로운 방향을 제시하고자 특별한 공연을 준비했다. 2014년 12월 4일과 5일에 공연되는 〈100년의 꿈〉은 평생 대한민국의 자주독립을 위해 헌신하신 석오 이동녕 선생의 독립 의지와 민족애를 바탕으로 제작되었다. 내년이면 광

---

127 산에 흐르는 물이 바위를 뚫는다.

복 70주년으로 나라 사랑의 진정한 의미를 깨닫고 공감하는 의미 있는 공연이 될 것이며, 앞으로도 꾸준히 다듬고 보완하여 후손들에게 이 땅과 이 나라가 얼마나 많은 선열의 노력으로 지켜졌는지를 깨우치는 학습의 장이 되도록 할 것이다."

이 작품은 장르 간의 경계를 무너뜨린 과감한 시도와 역동적인 에너지 그리고 드라마를 느낄 수 있다. 김성옥 시인의 대본을 통한 서정성과 논리적 구성을 통해 작품의 완성도를 고취시켰고, 호리존트와 댄스 플로어를 흰색으로 제작하여 영상과 조명의 효과를 극대화해 시·공간성을 다변화할 것이다.

"무용은 신체를 재료로 사상과 감정을 표현하는 시·공간성의 예술'이다. 또한, 무용은 과학과 기술을 포함하며, 인문학을 바탕으로 음악, 미술, 연기, 연출, 영상, 의상을 포함하는 총체적인 예술이기도 하다. 특히 작품구성과 주제를 선정하고, 텍스트를 정리하는 것은 문학에 기초를 두어야 하며, 사상과 철학, 인접 예술 분야와도 긴밀한 협력이 이루어져야 가능한 분야이기도 하다."

안무와 연출, 무용수, 칼럼니스트, 모델, 방송·패션쇼 연출, 기획, 홍보뿐만 아니라 강의를 하며 시詩와 대본도 쓰는 그는 춤의 영역 확장과 한계성을 극복하기 위하여 통섭이나 융합에 대한 필요성을 알리고 있었다.

"우리의 전략은 현재의 관객을 대상으로 동시대의 춤 언어를 적극적으로 활용하는 것이다. 즉 경계 구분의 철폐, 역동적인

100년의 꿈

에너지, 드라마적인 요소 등 관객을 배려하고 흥미롭게 하는 것
이라면 무엇이든 적극적으로 수용할 마음의 준비가 되어있다.
예술가는 철저하게 관객을 배려해야 한다."라고 말하며 인터뷰
를 마치는 천생 어쩔 수 없는 예술인이다. 『주간인물』은 그의 뜨
겁고 강한 에너지를 느끼며 앞으로 한국의 무용계를 기대한다.

천안시립무용단의 10년
그리고 또 다른 10년을 위하여

천안시립무용단 창단 10주년 특별공연
『댄스포럼Dance Forum』 리뷰[128]

　최근 지역 공립무용단에 대한 여러 쟁점이 하나둘씩 수면 위로 오르고 있다. 지역 문화발전을 위해 설립된 무용단들이 그동안 어느 정도 전통과 역사를 이어왔지만 관에서는 문화단체에 대한 홀대와 예산 삭감 그리고 이러한 배경에서 파생된 노조와 갈등, 단원의 노령화 등 다양한 문제가 발생하였기 때문이다. 그런 가운데 무용단은 한계점에서 자율적인 발전을 위해 힘을 쏟고 있으며 지역 예술 발전의 보루로 자존심을 지키려 노력하고 있다.

　천안시립무용단(상임안무자 김종덕)이 창단 10주년과 이를 기념하는 제14회 정기공연을 가졌다.[129] 천안시립무용단도 여타 공립무용단과 마찬가지로 앞서 말한 부분에서 자유로울 수 없겠지만 그런데도 10여 성상星霜 동안 그들의 색깔을 지키며 현재에 이르렀다. 지금의 모습은 지원을 아끼지 않은 천안시와

128　김호준 무용평론가, 2015. 5.
129　천안 예술의 전당, 2016. 4. 22.

많은 작품에 참여한 단원과 상임안무자들의 노력 그리고 시민들의 성원 덕분에 이룬 결과이다.

이날 공연은 1부 'Alive 2016 천안'이라는 주제로 청주시립무용단(상임안무자 박시종)의 〈울림〉, 대구시립무용단(예술감독 홍승엽)의 〈벽오금학〉, 광주시립발레단(예술감독 신순주)의 〈천학의 비상〉 그리고 2부 천안시립무용단의 〈내 젊은 날의 초상肖像〉으로 이어졌다. 1부는 시립무용단들의 생산적 품앗이와 협업 형태의 공연으로 한국무용, 현대무용, 발레의 세 장르가 한 무대에 오르며 대중에게 즐거움을 주는 시간이었다. 이러한 공생의 공연은 공립무용단 네트워크의 강화와 상호텍스트성을 통한 자생적 발전을 가져온다는 점에서 앞으로도 지향해야 할 모습으로 자리한다. 이어 선보인 2부 천안시립무용단의 〈내 젊은 날의 초상〉은 한 여인의 일생을 기억과 회상 그리고 현실이라는 서사 구조 속에서 한국적 정서에 바탕을 두어 풀어낸다. 사람이 한평생 거쳐야 하는 통과의례의 상징성을 문이라는 문턱 이미지에 두었고, 네 가지의 이야기를 지금이라는 시점에서 회상을 통해 전개한다. 이런 넘나듦의 구성은 홀춤 한량무의 기본적 서사구조인 인생을 반추하며 '옛날, 그 좋았던 시절'에 대한 기억이라는 형식적인 면을 연상시킨다.

그래서 이 작품에서는 인생에서 가장 좋았던 기억에 대한 찰나는 결국 자신의 의지대로 나래를 펼치고, 사랑하는 그 순간임을 묘파하며 이러한 감정을 시적 정조로 표현한다. 이는 어떠

내 젊은 날의 초상

　〈내 젊은 날의 초상〉은 김종덕 안무가가 추구한 인문학적
감성의 종합적 시각과 궤를 같이하는 무대다. 그동안 철학적
사유와 문학적 해석을 통한 구성으로 자신만의 색깔을 구축한
안무가의 방향성은 이 작품에서도 그대로 적용되었다. 이는 인
문학적 감성을 무용에 표출한 개인 작품에서도 그러하였지만
그가 천안시립무용단에서 안무한 〈석오 이동녕 100년의 꿈〉[130],

130　김호준 무용평론가, 2015. 5.

〈색춘향〉[131] 등에도 그대로 녹아들어 천안시립무용단의 정체성을 새롭게 다지는 한 축이 되었다. 그래서 이 작품에서도 인생을 반추하는 그 순간순간을 서정적이면서도 토속적인 정서로 그려내어 관객에게 카타르시스를 주고 있다.

천안시립무용단은 여타의 무용단에 비해 단원이 그리 많지 않은 한계가 있다. 그렇기에 주역 무용수와 군무로 토대를 마련하고, 분절된 장면에서는 객원무용수를 적절히 활용하였는데 이 작품에서도 그런 효율적인 구성이 적절히 나타났다. 여기에 연출과 대본 등은 공연예술에 대해 폭넓은 이해를 하는 전문가가 맡아오는 등 최적화된 형태로 운영되는 데 도움을 준다.

그런데도 아직은 천안시립무용단만이 가지는 이미지 브랜드가 부족한 점은 아쉬움으로 남는다. 그동안 좋은 작품을 양산하였지만, 천안시립무용단 하면 떠오르는 브랜드 레퍼토리가 없다는 점에서 지내온 만큼 채워야 할 숙제가 남는다.

천안시립무용단은 10여 년의 역사에 불과하지만 그동안 지역문화예술 발전의 첨병이며 시민을 위한 문화생활의 도우미 역할을 담당하였다. 특히 전통 콘텐츠가 내재된 천안흥타령춤 축제라는 어느 지역도 가지지 못한 절대적 인프라를 지녔

---

131 천안 예술의 전당, 2016. 4. 22.

기에 천안시립무용단의 존재 가치는 더욱 배가 된다. 이러한 기본적 토대와 결합한 여러 활동을 통해 천안시립무용단이 공립무용단의 모범 답안으로 발전하기를 기대해 본다.

천안시립무용단 창단 10주년 특별공연

내 젊은 날의 초상
『The Move』리뷰[132]

지나간 것은 그리움이다. 아리고 저렸던 첫사랑의 추억, 불끈 쥐는 어금니와 주먹밖에 없었던 가난, 그러나 수평선 타고 오는 내일이 있어 햇살처럼 빛나던 젊은 날, 김종덕이 그려내는 〈내 젊은 날의 초상〉은 지나간 젊음에 대한 그리움이다.

천안시립무용단 창단 10주년 특별 공연은 외부초청 공연인 1부와 자체 공연인 2부로 구성된다. 청주시립무용단의 한국무용작품 〈울림〉과 대구시립무용단의 현대무용 〈벽오금학〉, 광주시립발레단의 〈천학의 비상〉 작품 중의 하이라이트를 10분~20분씩 보여준 것이 외부초청 공연이다. 〈울림〉은 남성 솔로의 힘과 크고 작은 19개 북을 자유자재로 이동하는 여성 고수들의 민첩함을 통해 한국 춤의 리듬감과 웅장한 사운드를 조화시킨 역동적인 작품이었다. 홍승엽의 대표작 중 하나로 손꼽히는 〈벽오금학〉은 이외수 소설 『벽오금학도』가 묘사하고

---

132 이근수 무용평론가&경희대학교 명예교수, 2016. 5.

내 젊은 날의 초상

있는 신선의 세계를 헨델 음악을 배경으로 경쾌한 현대 춤사
위로 표현해준 세련된 작품이었다. 무용수들의 상체에 벽오
금학도가 그려진 의상(주효순)이 재미있다. 〈천학의 비상〉은 한
명의 발레리노와 6쌍 듀엣으로 이루어진 감각적인 발레작품
이다. 무용수들의 기량이 돋보이고 춤을 통해 객석으로 전해
진 슬픔의 향기가 진하게 느껴진 작품이었다.

2부를 구성한 천안시립무용단의 작품 제목은 언뜻, 이문열
의 소설 『젊은 날의 초상』을 떠올리게 한다. 그러나 안무자 김

종덕이 그려내는 젊은 날은 관객이면 누구나 공감할 수 있는 우리 모두의 과거이며 추억이다. 이 주제를 한 여인의 회상 형식으로 풀어내면서 15명 무용수의 농익은 춤사위를 통해 관객들의 감성을 깊숙하게 자극해준다. 2010년 『누가 이들을 춤추게 하는가?』란 평론집을 내면서 우리 시대 무용가 30인에 포함된 김종덕에 대해 '장르를 뛰어넘는 무대 위의 마술사'란 표현을 쓴 적이 있다. 시와 춤을 접목하고 가곡과 패션, 그림 등 인접 예술 분야를 춤 속에 끌어안으며 〈아빠의 청춘〉, 〈꼭두의 눈물〉 등에서 빛났던 그의 재능이 천안 예술의 전당에서도 계속 빛을 발할 수 있기를 바란다.

몸의 살이 있음을 확인하려는 기획

지역 공공무용단의 공연 교류와 그 의미
『공연과 리뷰』 리뷰[133]

천안시립무용단 창단 10주년 특별공연이 4월 22일 천안 예술의 전당 대극장에서 올랐다. 1부에서는 'Alive 2016'이라는 타이틀로 청주시립무용단의 〈울림〉, 대구시립무용단의 〈벽오금학〉, 광주시립발레단의 〈천학의 비상〉이 공연되었으며, 2부에서는 천안시립무용단의 〈내 젊은 날의 초상〉이 무대 위에 펼쳐졌다. '기억의 편린片鱗', '피고 지고', '외로운 나부낌', '형언할 수 없는'으로 구성된 〈내 젊은 날의 초상〉은 현대적인 몸짓과 시선을 담아 첫사랑의 애틋함을 아름답게 그려냈으며, 김종덕이 추구하는 문학성과 움직임의 섬세함이 돋보였던 공연이었다.

이번 공연은 천안시립무용단 창단 10주년을 기념하는 공연인 동시에 지역 공공무용단의 작품을 한자리에 모았다는 점에서 특별한 의미가 있다. 시·도립무용단의 교류를 통해 자유롭

---

133 이찬주 '이찬주 춤 자료관' 대표&미국비평가협회 회원, 2016.

고 실험적인 무대와 직업무용단의 발전방향을 모색하자는 의도 아래 기획된 'Alive 2016'은 지난해 인천시립무용단 김윤수 예술감독이 제안하고 홍승엽 예술감독과 김종덕 예술감독이 의기투합하여 인천에서부터 시작이 되었다. 이를 토대로 자체 활동은 물론이고 지역 간 울타리를 넘어 활발한 교류를 이뤄 많은 관객에게 다양한 공연관람 기회를 제공하는 것이 무엇보다 중요하다.

4월 공연의 인상과 비인상 I

천안시립무용단의 〈내 젊은 날의 초상〉
『춤과 사람들』 리뷰[134]

천안시립무용단은 2016년 4월 22일 천안 예술의 전당 대공
연장에서 창단 10주년 기념공연을 가졌다. 공연은 1부 'Alive
2016 천안'이라는 타이틀로 청주시립무용단, 대구시립현대무
용단, 광주광역시립발레단 등의 무대와 2부 김종덕 안무의 신
작 〈내 젊은 날의 초상〉으로 구성되었다.

천안시립무용단의 자축 공연이기도 했던 김종덕 안무의 〈내
젊은 날의 초상〉은 '기억의 편린', '피고 지고', '외로운 나부낌',
'형언할 수 없는' 등 모두 4장으로 나뉘었다.

글재주가 있는 안무자는 유독 어머니 얘기를 자주 한다. 이
번 작품 또한 안무자 자신이 아닌 어머니를 생각하며 어미의
심정이 되어 작품을 풀어 간 것이라 해석된다. 1장은 어미에
대한 자신의 기억, 2장은 어머니와 행복했던 시간 그러나 다 표
현하지 못한 안타까움, 이어 어머니의 별세와 몽환 그리고 진

---

134 이수연 무용평론가, 2016. 5.

혼의 춤으로 구성해 보여주었다.

작년 〈Love Is…〉에서도 훌륭한 춤 실력을 선보였던 김진아는 이번 작품에서도 유연한 신체선 안에서 당돌함을 내뿜는 '강한 동시에 부드러운' 여성상을 잘 보여주었다.

천안시립무용단의 군무진도 10년 역사의 무게를 보여주었다.

앞으로 10년, 더 큰 발전을 기대한다.

4월 공연의 인상과 비인상 Ⅱ

한국의 BEST 안무가 초청공연
『춤과 사람들』 리뷰[135]

〈사월의 눈〉이 4월 7일 청주 예술의 전당 대공연장에서 발표되었다.

천안시립무용단은 지난해 12월 정기공연 '춤으로 만나는 문학–흔들림의 미학美學'에서 발표했던 5개의 단편 중 2개인 〈흔들림의 미학〉과 〈법고法鼓〉를 재구성하여 공연했다. 간결한 구도 속에 현대화된 한국춤 어휘로 세련미를 더한 김종덕의 안무는 이제 대중성에도 한발 다가가 있었고, 기량이 눈에 띄게 발전하고 있는 천안시립무용단의 무용수 12명은 재공연으로 한층 더 높아진 숙련도를 보여주었다.

---

135 김예림 무용평론가, 2016. 5.

흔들림의 미학

4월 공연의 인상과 비인상 Ⅲ

천안시립무용단 〈흔들림의 미학〉
『춤과 사람들』 리뷰[136]

　천안시립무용단의 제13회 정기공연 〈흔들림의 미학〉이 2016
년 12월 9일 봉서홀에서 개최되었다. 이 공연은 '춤으로 만나는
문학'이라는 부제로 김성옥 詩에 김종덕의 안무로 이루어졌다.

　천안시립무용단은 김종덕 상임안무자 취임 후 활발한 활
동은 물론 단원들의 기량이 눈에 띄게 향상되고 있다. 무용수
출신의 안무가로 교육현장에 오랜 몸담았던 김종덕의 경험
과 역량이 반영되고 있음을 보여준다. 작품은 〈꽃〉, 〈Goodbye
Mom〉, 〈백비〉, 〈흔들림의 미학〉, 〈법고〉 등 5개의 단편이 모여
하나의 이미지를 만든다. 송년 기획답게 관객에게 쉽게 다가
가는 갈라 형식이면서 '사랑'이라는 큰 주제가 서로 다른 이야
기에 관통하는 것이 안무자의 의도로 읽힌다. 이 가운데 다른
규모와 스타일로 이미 발표되었던 소품도 있으나 천안시립무
용단을 통해 하나의 장편무용으로 재탄생되었다.

136　김예림 무용평론가, 2016. 1.

문학가를 꿈꾸었고 실제 뛰어난 필력을 가진 무용가 김종덕은 1997년부터 김성옥의 시를 작품으로 만들어왔던 해석의 내공을 이번 무대를 통해 표출했다. 평소 간결하고 선명한 구성과 무대미술, 의상으로 단정한 작품을 선보였던 김종덕답게 〈흔들림의 미학〉 역시 군더더기 없는 청아함을 보여주었다. 작품의 베이스는 순백이며 12명의 무용수는 장면마다 붉은색과 회색 등을 포인트로 장식을 더 했다. 첫 장면인 '꽃'의 유미적 구성과 〈Goodbye Mom〉의 남성 솔로, '법고'로 장식한 엔딩 등이 인상적으로 남는다. 특히 〈Goodbye Mom〉에서 김종덕의 목소리로 녹음된 내레이션은 투박하지만 솔직한 감성으로 깊은 인상을 남겼다. 자신이 직접 추었던 독무를 객원무용수 유승현을 통해 재해석하게 했는데 출중한 기량이 신선했다.

천안시립무용단은 2005년 비상임단원 체제로 창단되어 역사나 규모 면에서 아직 완전한 단계에 접어들었다고 볼 수 없으나 전국 시·도립무용단 가운데 몇 안 되는 예술창작집단의 성격을 갖게 된 천안시립무용단의 발전에 박수를 보내며 2016년의 활약을 기대해본다.

Alive 2015

시립무용단들의 '살아나기'
『춤웹진』리뷰[137]

천안시립무용단의〈Love Is…〉는 어머니에 대한 편지 낭송과 그에 맞춘 김종덕의 솔로로 시작된다. 편지 내용이 공감을 불러일으키기에 충분하도록 감상적이다. 어머니의 떠나심에 대한 회한과 그리움이라는 인류 공통의 감정은 여지없이 마음을 흔든다.

낭송과 병행되는 김종덕의 솔로는 본인 실화의 힘에서 나오는 호소력으로 춤동작과 평행선을 그리면서 감정을 적절히 중화시킨다. 이어지는 군무는 사랑이라는 일반적인 주제를 익숙한 팝송을 반주로 대중이 쉽게 감상할 수 있도록 평이하게 끌어갔다.

---

137 이지현 춤 비평가, 2016. 1.

4월, 한국 춤의 퍼레이드 속에 새로운 세대의 등장을 보다

천안시립무용단 '네 개의 시선, 일곱 가지 빛깔' 〈색춘향〉
『댄스포럼』 리뷰[138]

천안시립무용단의 〈색춘향〉은 조선시대 화가 신윤복의 〈월하정인도〉를 바탕으로 〈춘향전〉을 재해석했다. 우리나라 작품 중 가장 많이 재해석되는 것이 〈춘향전〉인데 무궁무진하게 많은 기획이 있었다.

김종덕이 천안시립무용단의 여건, 즉 출연진의 한계를 극복해 준수한 무대로 만들었다는 데 우선 점수를 줄 수 있다. 지역의 단체들이 중앙의 눈으로 보면, 기량 등 모든 면이 떨어지는 것이 사실인데, 이를 극복해 우아하고 세련된 무대를 만들었다. 일단 무용수들의 수준이 높다는 것이 이를 보여준다.

춤이 안정감 있고 잘 훈련된 모습이다. 동시에 세련도가 높다는 것이 놀라게 한다.

작품은 이동준과 김진아의 이 도령과 춘향의 사랑가를 중심에 두고 군무를 극의 전개에 맞게 삽입시키면서 13개의 장으로 구성했다. 이동준과 김진아는 이른바 한국창작무용의 움직

---

138   김경애 발행인, 2015. 5.

〈색춘향〉 화관무

임과 의상, 표현주의적 감성 표출로 크고 세련된 신체조건과
춤의 기량, 풍부한 연기력을 구사하고 군무진은 민속춤의 원형
으로 이를 교차시키면서 드라마를 끌어낸다.

　이 도령과 춘향의 2인무를 중심에 두고 펼쳐지는 이 민속춤
은 무용단의 단편적인 레퍼토리 보유와 적당한 활용, 〈색춘향〉
이라는 새로운 작품의 완성을 한꺼번에 살리는, 지역무용단을
이끌어가는 예술 감독의 현명한 작업이라고 생각한다. 어려운
여건을 극복해 준수한 무용작품을 보여준 판단과 노력에 박수
를 보낸다.

애국지사 이동녕의 얼이 담긴 천안의 재조명

제11회 천안시립무용단 정기공연 〈100년의 꿈〉
『댄스포럼』 리뷰[139]

100년의 꿈

커다란 대형 호리즌트에 조명이 이루어낸 지름 15m의 크고
둥근 달은 이 작품에 내재된 상징성으로 큰 변화의 역할을 담
당했다. 초연한 구름 낀 달, 붉은빛을 띤 격정의 달, 음울한 흰빛
의 달 등으로 다채롭게 변화한다. 그것은 이동녕 선생의 얼굴

---

139 이찬주 '이찬주 춤 자료관' 대표&미국비평가협회 회원, 2015. 1.

이 되기도 하고 독립투사들의 결의에 찬 함성이 되기도 했다.

김성옥 시인의 시를 대본으로 차용한 만큼 김종덕의 춤은 직관적, 시적 안무기법을 지닌 추상적 형식의 춤에 가깝다. 특히 상징성의 모습을 띤 군무 속에서 이를 한껏 담아내고 있다. 김종덕의 안무작 〈100년의 꿈〉은 애국지사의 얼이 담긴 천안을 새롭게 조명해냈다.

그가 추구하는 음악, 영상, 조명, 시 등 타 장르 예술과의 연계를 통한 총체 예술을 천안에서 자주 만나보게 되기를 기대한다.

한국무용제전

하늘로 보내는 편지
『댄스포럼』 리뷰[140]

한국전통 복식과 최첨단 기술의 융합, 전통춤의 원리를 현재적 춤사위에 적용하고,

작품 구성과 의미에 맞는 조명의 활용과 작문, 나레이션 등을 통해 한국창작 춤의 다양성과 보편성을 바탕으로 동시대성이라는 지위를 부여하고 방향을 제시하고 있다.

삶의 끝은 죽음이고, 죽음의 끝은 삶인 순환이라는 동양사상을 원형으로 춤 형태를 반복하여 표현하는 이 솔로는 춤과 춤이 아닌 것, 즉 일상과 무대를 넘나드는 초월적 의식을 펼쳐 보여준다.

---

140 김경애 발행인, 2014. 2.

하늘로 보내는 편지

문화산업은 선택 아닌 필수
캐나다의 대표적인 문화기업
〈태양의 서커스Cirque du Soleil〉는
연 매출 1조 원에 임직원 4,000여 명으로
사양기에 접어든 서커스를
거대 문화사업으로 탈바꿈시켰다.

셋째 마당
문화의 품격

1. 문화산업으로서 우리춤

2006년 1월 일본에서는 76개의 대표 기업과 단체, 38명의 디자이너, 학자, 전문가가 나서 '신일본양식 협의회'를 결성했다. 협의회는 신일본양식의 개념을 "일본의 전통적인 기술·디자인·기능·콘텐츠를 현대 생활에 적합한 형태로 재정립하는 것"이라고 정의 내렸다. 즉 일본이라는 국가의 브랜드 파워를 키워 다른 나라 제품·콘텐츠와 차별화하겠다는 것이다.

요컨대 일본은, 일본이라는 매력 자체를 팔거나, 제품·서비스에 문화적 매력을 얹어 가치를 높이려는 전략을 펼치고 있다. 즉 부가가치의 평가 기준이 '가격에서 질質로의 시대'를 거쳐 '질에서 품위로의 시대'로 이행했다. 일본은행에 따르면 1997~2006년 사이 일본의 총 수출액이 약 70% 증가한 반면, 문화상품 수출은 3배 이상 늘어났다고 한다. 일본 경제는 이미 공산품 수출국의 단계를 지나 '문화 수출대국'으로 이행한 것

이다.[141]

일본의 부토舞踏는 '암흑의 춤' 또는 '죽음의 춤'이라는 의미로 전쟁에서 패배한 일본인들의 고통과 정신적 공황을 독일의 표현주의와 일본 전통연극과 춤인 노能와 가부키歌舞伎의 형식을 바탕으로 표현한 일본식 현대무용이다. 미적 범주의 확장, 독일의 표현주의의 철학적 수용과 일본 전통적 형식을 현재적으로 적용하는 등 전통의 재현이나 변용이 아니라 새로운 관점에서 미학적 가치를 실현하려는 의지와 용기가 있었기에 '부토'는 일본의 현대무용으로 세계무대에서 당당하게 인정받고 있다.

한국적 현대무용이 뚜렷한 사상이나 철학의 부재로 인하여 현대예술로서 그 가치를 인정받지 못하고 있는 시점에서 일본의 '부토'는 일본 전통적 사상을 현재화하고 그들의 정서와 신체에 맞는 움직임을 통해 포스트 부토Post-Buto라고 불리는 산카이쥬쿠山海塾 Sankai Juku는 세계에서 가장 주목받는 무용단이 되었다.

---

141 조선일보, '매력을 파는 쿨한 일본', 박정훈 경제부장, 2008. 4. 12~13. 참고.

문화기본법에 대한 생각

"21세기는 문화가 국력인 시대, 국민 개개인의 상상력이 콘텐츠가 되는 시대입니다. 모든 국민이 문화가 있는 삶, 문화로 행복한 나라, 다양한 장르의 창작활동을 지원하고 문화와 첨단기술이 융합된 콘텐츠 산업 육성을 통해 창조경제를 견인하여 '문화융성' 시대를 열어가겠습니다."[142]

현 정부의 중요 정책과제인 문화 융성에 대하여 문화관광체육부 유진룡 장관은 '문화 융성의 과제는 단지 예술 진흥만을 가리키는 게 아니라 우리 사회의 정신적인 기반을 다져가자는 것'이라고 했다.

문화란? 인지人智가 깨어 세상이 열리고 생활이 더욱 편리하게 되는 것을 의미하며, 철학에서 진리를 구하고 끊임없이 진보·향상하려는 인간의 정신적 활동 또는 그에 따른 정신적·물질적인 성과를 이르는 말로 학문·예술·종교·도덕 등을

---

142 대통령 취임사(2013. 2. 25) 요약·발췌.

일컫는다.

박영도 한국법제연구원은 교육·학문·예술·종교·세계관 등 인간의 정신활동 소산으로 문화에 대한 국가권력의 관계는 본래 내용에 관한 중립성의 요청과 국민의 정신적·문화적 가치 및 활동에 대한 간섭 금지를 주문하고 있다. 그러나 문화가 단순히 국가로부터의 자유로운 영역으로서만 이해된다면 오늘날의 문화 특히, 교육·학문·예술의 자유로운 향유를 모든 국민에게 효과적으로 보장하는 것은 곤란하므로 국가에 의한 적극적인 보호·조성 등의 조치에 의존하지 않을 수 없게 되었다.

다음으로, 예술이란? 원래는 기술과 같은 의미를 지닌 어휘로 어떤 물건을 제작하는 기술능력을 가리켰으나, 현재는 미적 작품을 형성하는 인간의 창조활동을 뜻한다. 즉 일정한 재료와 양식·기교 등에 의하여 미美를 창조하고 표현하는 인간의 활동 또는 그 산물인 문학·음악·회화·조각·연극·영화 등을 일컫는다. 문화예술은 각 국가나 각 시대에 있어서 국민이 공통적으로 기댈 준거로서 2005 문화정책백서 제4장에서는 예술정책 문화국가에 대한 구조적 특징을 다음과 같이 정의하였다.

첫째, 예술·학문·연구 및 교수의 형성과 자유, 자율성 및 다원성의 보장과 보호이다. 둘째, 문화정책적 중립성 및 문화정책적 관용에 대한 국가의 의무와 예술 및 학문의 문화적 진흥·조성 및 적극적 육성이다. 셋째, 국가에 의한 모든 문화정책상의 강압적 구속, 문화정책적 획일화의 모든 시도나 예술 및 학문에 내용상 결정적 영향을 부여하는 모든 관리·통제의 배제이다. 넷째, 국가에 의한 문화의 진흥조성에 대한 합리적 선별과 차별화의 승인이다.

그러므로 문화는 전통적으로 그것이 인간 정신활동의 결과이므로 정신적 기본권과 마찬가지로 문화에 대한 국가권력의 관계는 그 본래 내용에 대한 중립성의 요청과 국민의 정신적·문화적 가치에 대한 간섭 금지로 이해되었다. 즉 국가는 문화적 활동을 스스로 할 수 없고 그것이 대외적인 효과가 있지 않은 한 그 활동내용을 규제할 수 없으며 단지 개인이나 단체의 예술적 활동을 진흥하는 보조적인 행위만을 할 수 있었다.[143] 그러나 문화를 국가로부터 자유로운 영역으로 이해한다면 모든 국민의 문화 향유를 효과적으로 보장할 수가 없다. 오늘날에는 모든 사회적 영역이 국가 내에서 통합되면서 문화를 보호·육성·진흥시키는 일이 중요한 국가적 과제로 이해하게 되었다.

우리나라 문화정책의 대상이 되는 문화는 순수문화예술과 문화산업, 방송, 멀티미디어 콘텐츠 관련 사업까지 포함하고 있다. 문화에 대한 개념정의는 없지만 우리나라 문화정책

---

143 불Bull. 1977.

에서 구체적인 정책대상 범위는 순수예술활동과 문화산업을 포함하며 관련 분야의 생산·유통·소비를 포함하고 있다. 문화산업이란 문화상품의 기획·개발·제작·생산·유통·소비 등과 이에 관련된 서비스를 하는 산업을 말하며, 다음 각 8개 항목 중에 어느 하나에 해당하는 것을 포함한다.

첫째, 영화·비디오물과 관련된 산업, 둘째, 음악·게임과 관련된 산업, 셋째, 출판·인쇄·정기간행물과 관련된 산업, 넷째, 방송영상물과 관련된 산업, 다섯째, 문화재와 관련된 산업, 여섯째, 만화·캐릭터·애니메이션·에듀테인먼트·모바일문화콘텐츠·디자인(산업디자인 제외)·광고·공연·미술품·공예품과 관련된 산업, 일곱째, 디지털 문화콘텐츠, 사용자제작 문화콘텐츠 및 멀티미디어 문화콘텐츠의 수집·가공·개발·제작·생산·저장·검색·유통 등과 이에 관련된 서비스를 하는 산업, 여덟째, 그 밖에 전통의상·식품 등 전통문화 자원을 활용하는 산업으로서 대통령령으로 정하는 산업을 문화산업의 범위에 들어간다고 본다. 이러한 범위는 광의의 개념으로 문화산업진흥법의 분류가 산업적 개념이라기보다는 문화체육관광부의 지원체계와 밀접히 관련되어 있다고 볼 수 있다.

문화국가의 실현은 단순히 경제적, 물질적 생활자원의 급부만으로 달성될 수 있는 것은 아니며, 인간의 창조적 자율성과 이의 계승·전수 및 그 산물을 누리는 것을 특별히 보호하고 다양한 문화주체들이 자유로이 활동할 수 있는 여지를 넓

혀주는 것이 바탕 되어야 한다. 이러한 관점에서 문화국가의
대상으로서 문화는 한 국가의 정치·경제·사회를 포함한 제
분야를 아우르는 핵심 역량이 되어야 하며, 문화국가는 문화를
고려하지 않은 발전이 파생시킨 다양한 사회적 문제들을 문화
적 차원에서 해결하기 위한 목적도 가져야 한다. 우리가 지향
하는 문화국가를 실현하기 위해서는 우선 규범적 틀을 제공하
는 법체계가 확실히 정립되어야 하며, 이러한 법체계 속에서
국민의 문화권(문화향수권)이 실질적으로 구현될 수 있을 때 진
정한 문화국가라고 할 수 있을 것이다.[144]

---

144 문화정책백서(2005)와 문화정책논총(2006) 참고.

일본의 문화산업과 그 매력

우리가 의식하지 못하는 사이 일본은 경제 대국을 뛰어넘어 '문화 대국'으로 변신했다. 매력을 이용해 돈을 벌고 부富를 창출하는 소프트 파워의 경제 모델을 만들어낸 것이다.

2005년 일본 정부는 통상백서에서 "문화교류와 경제교류 사이에는 유의미한 관계가 있다"고 선언했다. 요컨대 일본은 일본이라는 매력 자체를 팔거나, 제품·서비스에 문화적 매력을 얹어 가치를 높이려는 전략을 펼치고 있다.

일본의 경제산업성은 '주식회사 일본'을 이끄는 작전본부로 2005년 7월, '신일본양식新日本様式의 확립에 대하여'라는 보고서를 내놓았다. "부가가치의 평가 기준이 '가격에서 질質로의 시대'를 거쳐 '질에서 품격品格으로의 시대'로 이행했다. 경제는 물론, 일본문화·감성·마음 등 일본 고유의 정서를 토대로 종합적인 일본의 우수함, 즉 일본 브랜드의 가치를 향상시켜 세계에 전파하는 일이 긴요해졌다."

즉 어디서나 생산이 가능한 기술 집약산업에서 벗어나 누구도 흉내 낼 수 없는 일본 고유의 정신문화를 상품에 얹어 팔겠다는 취지이다. 보고서가 시선을 끈 것은 '품위·품격'이라는 문화적 패러다임을 주창한 점이다. 보고서는 글로벌 경제 전쟁의 핵심 경쟁력이 '품위·품격'으로 바뀌었다고 선언하면서 제품의 격格으로 경쟁하자는 새로운 산업 전략을 제시했다. 일본 경제가 가격이나 품질 경쟁을 지나 문화적 가치 경쟁의 단계로 진입했음을 알린 시발점이었다.

이를 계기로 2006년 1월, 파나소닉Panasonic, 도요타Toyota 등 업종을 망라한 76개 대표 기업과 단체, 38명의 디자이너, 학자, 전문가가 나서 '신일본양식 협의회'를 결성했다. 국가를 전면에 내세우는 전략으로 신일본양식을 제창한 일본 정부의 정책에 재계가 즉각 호응하고 나선 것이다. 설립 취지서의 핵심 키워드는 '일본 브랜드'다. 협의회는 신일본양식의 개념을 '일본의 전통적인 기술·디자인·기능·콘텐츠를 현대 생활에 적합한 형태로 재정립하는 것'이라고 정의 내렸다. 즉 일본이라는 국가의 브랜드 파워를 키워 다른 나라 제품·콘텐츠와 차별화하겠다는 전략이다.

미국 뉴아메리카재단New American Foundation 연구원 더글러스 맥그레이Douglas McGray가 외교잡지『포린 폴리시Foreign Policy』(2002년 5, 6월)에 문화라는 무형의 가치를 종합해 한 나라의 국력을 평가하려는 새로운 시도로 문화적 파워를 개념화한 국민총매력GNC[145]이란 지표를 발표했다. 물론 국민총생산GNP[146]에서 따온 말이다. 한 나라의 국력을 평가하는 데 우리는 GNP를 따진다. GNP란 상품과 서비스 생산을 통해 창출되는 경제적 가치, 즉 경제적 파워를 수치화한 것이다. 그는 "일본이 1980년대의 경제 대국을 능가하는 문화 강국이 됐다"고 분석하면서, 일본을 설명하기 위한 도구로 국민총매력을 제시했다. '경제'보다, '매력'이라는 문화적 가치가 21세기의 일본을 설명하는 데 더 유용한 지표가 될 수 있다는 것이다.

일본이 중점 수출산업으로 내세운 콘텐츠, 패션·의류, 디자인, 농수산·식품, 기계·부품의 5개 분야 중 4개가 문화 관련 산업이다. 일본은행에 따르면 1997~2006년 사이 일본의 총 수출액이 약 70% 증가한 반면, 문화상품 수출은 3배 이상 늘어났다. 매력이란 문화의 힘을 뜻한다. 그것은 예술 작품에 국한되는 것은 아니다. 그 나라 국민이 향유하는 생활양식이나 가치관, 미의식, 철학, 이미지 등 무형의 가치가 타인에게 미치는 영향력을 총체적으로 매력이라 부른다. 예컨대 일본 사회가 청결하다는 것, 국민이 친절하다는 것 등도 일본을 매력적으로 만드는 요소다.

매력적인 나라는 영향력이 커진다. 어느 나라가 발산하

---

145 Gross National Cool.

146 Gross National Production.

는 매력의 총량에 비례해 그 나라가 다른 나라를 자신의 이익에 부합하도록 움직일 가능성도 커진다. 하지만 매력을 수치화하기란 쉽지 않다. 국민총매력 개념을 제시한 더글라스 맥그레이도 이를 측정하려는 시도조차 하지 못했다. 다만 몇 가지 지표를 통해 한 국가가 발산하는 매력, 혹은 '소프트 파워'를 추정해볼 수는 있다. 대표적인 것이 영국 BBC 방송이 시행한 조사다. BBC는 14개국을 대상으로 한 이미지 조사 결과를 발표했다. 세계 34개국의 1만 7,000명에게 어떤 나라가 '세계에 좋은 영향을 미치는가?'를 물었더니, 독일과 일본이 각각 56%의 답변을 받아 공동 1위를 차지했다. 세계인의 눈에 비친 일본과 독일의 이미지, 즉 국가 매력도가 최고라는 뜻이다.[147]

---

147 조선일보, '매력을 파는 쿨한 일본', 박정훈 경제부장, 2008. 4. 12~13. 참고.

일본, 포스트모더니즘Postmodernism 경제로의 전환

행실이 밉다고 그들의 장점마저 외면하지 말자. 일본은 더 이상 제조업만의 경제가 아니라 무형의 국가매력과 문화적 가치로 돈을 버는 포스트모더니즘 경제로 전환했다.

일본은 전범국가라는 이미지를 문화 뒤에 감추고 희석하기 위해 오랫동안 노력하고 있다. 그 대표적인 사례가 워싱턴의 캔우드 포토맥 강변에 열리는 벚꽃 축제이다. 올해로 101회를 맞는 워싱턴 벚꽃 축제Cherry Blosom Festival는 워싱턴 캔우드 벚꽃 길에서 매년 열린다. 벚꽃 축제는 일본 도쿄시장이 미국과의 우호적인 관계를 기원하며 1912년 워싱턴에 3,000그루의 벚나무를 선물한 뒤로 해마다 열리고 있는데, 벚꽃은 보통 3월 말에서 4월 중순에 만개한다.

이 행사는 1927년 처음 시작하여 이제는 워싱턴의 명물이 되어 매년 인기를 더하고 있으며, 올해엔 150만 명 이상의 관광객이 모일 것으로 예상했다. 축제 기간 내내 시내의 수많은 미술관과 박물관에서 전시회와 보트투어, 해돋이 행사, 벚꽃을 모티브로 한 기념품 판매와 같은 다채로운 프로그램이 워싱턴 곳곳에서 이뤄진다. 특히 축제의 절정을 장식하는 메인 행사인 퍼레이드는 워싱턴 컨스티뉴션 애비뉴에서 진행되며 TV로 생중계된다. 관람석 티켓 가격은 20달러이며, 거리에서 관람하는 것은 무료이다. 이 기회를 놓치지 않고 일본은 자국문화를 느낄 수 있는 다양한 이벤트를 선보이고 있다. 빈센트 그레이Vincent C. Gray 워싱턴 DC 시장은 "워싱턴 DC는 지역주민뿐만 아니라 전 세계 관광객이 가장 와 볼만한 곳"이라면서 "벚꽃 축제는 이 중 핵심적인 요소"라고 말했다.

올해 벚꽃 축제 명예 위원장은 미셸 오바마Michelle Obama 여사가 맡아 150그루의 벚꽃 나무가 추가로 심어졌다.[148] 미국의 퍼스트레이디까지 동원하는 일본의 문화전략은 이것뿐만 아니다. 유럽박물관에 가면 일본문화를 소개하는 전시장은 한국의 10배에 달한다고 한다. 일본 측에서 유물을 기증하고, 일본 고유의 정원까지 자비를 들여서 설치하고 관리까지 해준다고 하니 박물관 측에서는 일본 문화관에 더 많은 배려를 할 수밖에 없을 것이다. 결과적으로 일본 문화를 보고 즐기는 사이 일본에 대한 거부감은 사라지고 일본의 매력에 환호하며, 일본문화의 소비를 위해 기꺼이 지갑을 열게 되는 것이다.

---

148 조선일보, '매력을 파는 쿨한 일본', 박정훈 경제부장, 2008. 4. 12~13. 참고.

문무성의 역할

'유럽에서 한·중·일 무용가를 대상으로 오디션이 있다. 공교롭게도 세 명의 무용수가 모두 동일한 점수를 획득하였다. 유럽무용단에서는 동일한 점수를 획득한 세 명의 무용수가 있다면 우선 일본 무용수를 첫 번째로 뽑는다고 한다. 일본은 기업을 통해 자국 무용수가 있는 무용단체를 후원해 재정 자립도를 높여 주기 때문이다. 다음은 중국 무용수를 합격시킨다고 한다. 중국인은 민족애가 유난히 강해 자국 무용수가 출연하는 공연에 관광객이나 재외동포들이 티켓을 사서 공연을 봐주기 때문에 관객동원을 걱정할 필요가 없기 때문이다. 한국 무용수는 충원할 일이 있으면 맨 나중에 영입한다고 한다.'

참 뼈 있는 우스갯소리이다. 해외에서 활동 중인 대한민국 예술가들은 고군분투하다가 성공하면 정부에서 훈장을 수여하면서 도움 줄 일이 없냐고 난리다. 가능성 있는 예술가를 발굴하여 지속해서 지원하며 육성하는 것이 아니라 이미 성공한 예술가에게만 관심을 가진다. 일본 예술가들이 해외에 진출할 때, 일본 문무성에서는 영사관을 통해 일본 예술가들의 홍보를, 자국 기업에는 일본 예술가들의 후원을 요청하는 것과는 다른 면모이다.

기업과 예술가의 상생

일본 도요타 자동차는 기업의 이미지 상승효과와 신형 렉

서스의 고급화 전략으로 시드니 오페라 하우스와 2년간 후원 계약을 체결하였다. 모든 공연의 팸플릿에 후원사 로고를 게재한다는 조건으로 연간 200억 원의 후원금을 지급한다는 것이 골자이다. 하지만 도요타는 여기에 그치지 않고 한 가지 조건을 더 제시했다. 시드니 오페라 필하모니의 상임 지휘자를 일본인으로 임명해달라는 것이었다.

이처럼 일본은 문화국가라는 이미지를 기업이 대신하고, 상품의 고급화 전략뿐만 아니라 자국의 예술가 지원하는 일거다득一擧多得의 효과를 창출하고 있다. 전범 국가 이미지를 쇄신하고, 어디서나 생산이 가능한 기술 집약 산업에서 벗어나 누구도 흉내 낼 수 없는 일본 고유의 정신문화를 상품에 얹어 팔겠다는 일본의 정책적 방향을 주목해야 한다.

경제적 동물

프랑스의 음식점 평가 잡지 『미슐랭 가이드Michelin Guide』는
도쿄를 세계 최고의 '미식美食 도시'에 올렸다. 일본이 전통적
미식 강국 프랑스를 제친 것이다. 경제적 동물로 불리며 돈 되
는 싸움만 하는 일본의 전략과 전술은 우리에게 시사하는 바
가 크다.

〈노부Nobu〉는 일본인 요리사 마쓰히사 노부유키松久信
幸가 운영하는 생선회집으로, 할리우드 배우 로버트 드 니로
Robert De Niro와 동업으로 세운 음식점이다. 이 식당은 세계
27개 점포를 체인점으로 가지고 있고, 상류층이 중요한 고객이
다. 밀라노 지점엔 조르지오 아르마니가 동업자로 참여해 화
제다. 서양 사회에서 〈노부〉는 고급 이미지로 통한다. 뉴욕 맨
해튼 지점엔 레오나르도 디카프리오Leonardo Di Caprio며 귀네
스 팰트로Gwyneth Paltrow, 브루스 윌리스Bruce Willis, 앤 해서웨
이Anne Hathaway, 사라 제시카 파커Sarah Jessica Parker 같은 유명
배우들이 자주 드나든다. 미국 사회에서는 〈노부〉를 통해 젓
가락으로 일본 음식을 먹는 것이 신분의 상징처럼 여겨진다.

이처럼 〈노부〉는 음식보다 일본 문화 자체를 팔고 있다. 즉, 생선회 같은 〈노부〉의 일본 음식은 건강과 미용에 좋은 고급 웰빙 이미지로 통하고, 이곳에서 손님들은 일본에서 직접 공수해 온 온갖 식재료와 접시, 가구, 젓가락을 사용하며, 비용만 지급하면 전통분장과 복식을 한 게이샤의 연주와 노래까지 곁들일 수 있다고 한다.

음식은 문화의 첨병尖兵이라고 할 수 있다. 맥도날드로 상징되는 미국의 음식 문화가 저가低價·실용 이미지를 전달한다면, 일본의 식食 문화는 브랜드 가치의 사다리 구조에서 상층부 이미지를 확실하게 장악했다. 간장을 만드는 전문 회사 '깃코망キッコーマン'의 2006년 통계에 따르면 전 세계 일본 음식점은 2만 4000개에 달하고, 매년 급증 추세라고 한다. 최근 브라질 상파울루엔 브라질 바비큐 음식점보다 스시 레스토랑이 더 많다는 통계도 있다. 거미줄처럼 깔린 음식점 네트워크를 통해 일본은 문화와 라이프 스타일을 제공하고, 국가 이미지를 효과적으로 상승시키는 전략을 구사하고 있다.

일본은 격투기마저 매력적인 콘텐츠Contents[149]로 만들어 세계 각국에 수출한다. 일본이 창안한 이종 격투기 K-1은 세

---

149 원래는 책·논문 등의 내용이나 목차를 가리키는 것이었으나 지금은 영화나 음악, 게임 등의 오락으로부터 교육, 비즈니스, 백과사전, 서적에 이르는 디지털 정보를 말한다.

계 135개국(2006년)의 TV 방송망을 통해 방영된다. K-1의 운영 주체는 '주식회사 FEG'라는 조그만 기업이다. 하지만 이 작은 기업에서 운영하는 출범 15년 된 일본산 스포츠는 70년 역사의 월드컵 축구에 버금가는 인기를 누리고 있다. K-1의 성공 비결은 룰이 간단명료하다는 것이다. 100kg이 넘는 거구가 상대를 쓰러뜨리니 강렬한 재미가 있을 뿐만 아니라 특징 있는 선수를 발굴해 캐릭터를 잘 프로모션Promotion[150] 했다. 그리고 다른 이종 격투기에 비해 덜 폭력적이고, 스포츠처럼 룰을 만들었다. "우리는 모든 선수에게 성장 배경에 얽힌 스토리를 얹는다. 예컨대 태국의 A선수는 찢어지게 가난한 집에서 자랐고, 러시아의 선수는 체첸 내전에 참전했고, C선수는 학교에서 이지메 당하면서 샌드백을 두들겼다."는 식의 얘기를 덧붙여 콘텐츠를 풍부하게 할 뿐만 아니라 K-1의 선수들이 가능한 피를 흘리지 않도록 하는 정책을 취하고 있다. 피가 나오면 TV 콘텐츠로서 가치가 떨어지기 때문이다.[151]

이 외에도 2007년 구글 검색결과 스시Sushi에 대한 영문 웹사이트 수는 4,593만 개, 사무라이Samurai에 관한 웹사이트 수는 4,282만 개, 카라테Karate에 관련된 웹사이트 수는 3,260만 개로 세계인이 일본문화에 얼마나 관심이 높은지 알 수 있다.

---

150 연극이나 영화, 서커스 따위의 흥행 또는 판매촉진을 직업으로 삼는 사람.
151 조선일보,'매력을 파는 쿨한 일본', 박정훈 경제부장, 2008. 4. 12~13.

'블루오션Blue Ocean'[152]의 대표적인 성공사례

〈태양의 서커스Cirque du Soleil〉는 1982년 거리공연을 하던 캐나다 예술가들이 퀘벡Quebec에 만든 문화기업이다. 퀘벡은 영어가 공용어인 캐나다에서 프랑스어를 쓰며 아직도 분리 독립운동이 계속되는 등 고유의 독특한 문화를 가지고 있다. 우리나라 난지도와 같은 쓰레기 매립지 위에 태양의 서커스 본사와 나란히 자리하고 있는 라 토후La Tohu는 퀘벡을 아트 서커스 도시로 키우겠다는 정부의 의지가 담긴 곳이다. 라 토후는 쓰레기장에서 나온 재활용품으로 극장 건물을 세우고 자퇴생과 취약계층에게 서커스를 비롯한 예술을 가르치며 자체 축제로 관광객을 끌어모으는 등 다양한 역할을 하고 있다.[153]

1996년에 시작된 〈태양의 서커스〉의 대표적인 투어링 쇼 〈퀴담Quidam〉은 라틴어로 '익명의 행인'이란 뜻으로 세계 39개국에서 6,200회 이상 공연되었으며 1,380만 명의 관객을 동

---

152 경쟁자가 없는 새로운 시장.
153 서울신문, '오늘의 눈 〈태양의 서커스〉', 윤창수 기자, 2013. 6. 21.

원한 작품으로 태양의 서커스 19개 작품 중 최고이다. 2007년 한국 초연 당시에도 공연 시작 후 9주 연속 티켓 예매율 1위와 최단기간 15만 명 관객동원의 흥행신화를 기록한 〈퀴담〉은 태양의 서커스 공연 중 가장 예술적이며 스토리텔링Storytelling이 뛰어난 작품 중의 하나로 상상한 모든 것이 현실이 되는 20년간의 화려했던 지난 영광을 뒤로한 채 2015년 11월 8일 한국에서 막을 내렸다.

캐나다 퀘벡 주 몬트리올 시 길거리에서 공연하던 기 랄리베르테Guy Laliberte가 창단한 〈태양의 서커스〉는 1984년 첫 공연을 시작한 이래 현재 직원 4,000명에 연매출 1조 원으로 사양 산업이던 서커스를 예술 공연으로 승화시켜, 무려 32년의 역사를 지닌 서커스의 대명사가 되었다. 이러한 성공에는 전통 서커스의 필수 요소이던 동물쇼를 과감하게 배제하고 스토리를 만들고 음악, 무용, 홀로그램, 세련된 의상과 무대미술, 뛰어난 무대연출을 도입하는 등 창의적인 발상의 전환이 있었다. 〈태양의 서커스〉로 성공한 기 랄리베르테는 현재 3조 원대의 자산가로 『포브스Forbes』가 선정한 세계 500대 갑부 중 한 명으로 선정되었으며, 최근에는 영화에도 진출하여 조지 밀러George Miller 감독의 〈매드맥스-분노의 도로Mad Max-Fury Road〉와 제임스 카메론James Cameron 감독의 영화 〈아바타Avatar〉를 무대화한 〈토룩Toruk〉을 공동창업자인 질 생크루어Gilles Ste-Croix와의 합작으로 진행하기도 했다.

우리의 전략

대한민국 정부는 한 스타일韓Style의 일원으로 한복과 한글, 한옥 등을 육성하겠다는 계획을 수립해놓고 있다. 우리의 미래는 기술에 문화를 융합해 경쟁력을 높이는 데 달려 있다고 해도 과언이 아니다. 따라서 정부와 재계, 학계가 협력하여 국가 매력과 브랜드파워를 높이고, 국부國富를 창출하기 위한 방향 전환을 적극적으로 모색해야 할 때이다.

20세기 초·중반 미국경제의 세계 전개전략은 '무역이 영화를 뒤따른다.Trade follows the film.'는 구호로 요약된다. 즉, 그 시기에 미국은 할리우드의 영화나 TV드라마, 팝뮤직 등을 통해 미국식 라이프 스타일을 세계에 전파한 뒤, 미국을 동경하는 세계의 소비자에게 미국 제품을 팔았다. 영화 〈에덴의 동쪽East Of Eden〉에서 제임스 딘James Dean이 입은 리바이스 청바지Levi's Jeans가 온 세계 젊은이를 사로잡았고, 오드리 헵번 Audrey Hepburn 주연 영화인 〈티파니에서의 아침을Breakfast At Tiffany's〉은 뉴욕 5번가의 작은 보석상이던 티파니를 세계적인 브랜드로 만들었다. 세계의 소비자들은 '미국'을 소비한다는 느낌으로 맥도날드 햄버거를 먹고, 코카콜라를 마시며, 포드 자동차를 탔다. 미국이라는 국가 자체가 거대한 명품 브랜드였다.[154]

산업화와 정보의 급속한 발전과 대량유통으로 인하여 하이테크 제품은 기술만 있으면 세계 어디서든 똑같은 물건은 만들 수 있다. 그보다는 한국적 양식을 세계에 통용시킬 수 있는 전통적 미의식을 첨단 기술로 구현해낼 수 있어야 한다. 즉, 기술력 향상과 품질, 기능의 우위만으로는 차별화가 힘들어졌다는 것이다. 우리의 전통적 미의식의 발현은 다음과 같은 방법을 통해 가능하다.

첫째, 한글은 우리 문화를 이해하는 척도이다. 문화강국이라 불리는 프랑스에서는 옥외광고를 위한 간판에 자국어 표기를 의무화하고 있다. 한때 자국어가 아니면 묻는 말에 대답조차 안 했다는 자존심 강한 프랑스인들은 외국어표기를 꼭 해야 할 때도 반드시 불어를 병기並記한다고 한다. 한글은 세계에서 가장 창의적이고 과학적인 문자라고 알려져 있다. 그런데 우리 주위에 흔히 볼 수 있는 홍보용 포스터나 간판, 파티나 패션쇼 초대장을 보면 온통 영문 일색이며, 해외 전시회나

---

154 조선일보, '매력을 파는 쿨한 일본' , 박정훈 경제부장, 2008. 4. 12~13. 참고.

공연의 안내 책자를 보더라도 한국문화를 알리는 데 한글표기를 하지 않는 것은 자국인들에 대한 배려나 우리 문화에 대한 자긍심이 없다는 것을 방증하는 예일 것이다. '그 나라 문화를 이해하기 위한 척도는 언어이다.'라는 말이 있다. 우리 것의 소중함은 망각하고 문화 사대주의에 빠져들고 있는 것은 아닌지 되돌아볼 시점이다.

둘째, 역사는 스토리텔링의 보고이다. 우리나라 역사박물관에 가면 상상력의 원천이 되는 이야기가 없다. 유물의 이름과 시대표기, 짧은 설명이 전부이거나 설명마저 없는 곳이 허다하다. 5천 년 역사를 통해 생성된 신화나 전설 등은 우리 주변에 무수히 많다. 우리는 그것들을 발굴하고 제품에 입혀 부가가치를 높이는 데 인색하기까지 하다. 감칠맛 나는 스토리를 얹어 매력을 극대화하고 멋진 포장으로 우리 문화에 대한 학습과 함께 자긍심을 높이고 여행자들의 발길을 우리나라에 머물도록 전략적 접근이 필요한 시기이다.

셋째, 한국문화의 품격을 제품에 활용해야 한다. 디자이너 이영희가 한국인으로서는 처음 프레타 포르테Prêts-à-Porter에 참가하면서 한복을 널리 알리는 계기가 되었다. 이전에는 한복에 대한 인식이 없었기 때문에 1993년 이영희의 패션쇼를 다룬 프랑스 매체들은 한복을 일본 전통복식으로 오해하여 '기모노 코레앙'으로 표기했고, 프랑스의 패션 전문가들조차 한국에 대한 낮은 인식 때문에 한복을 으레 기모노로 칭했다.

이후 한-불 수교 120주년을 앞두고 2005년 4월 초 장 피에르 모쇼Jean-Pierre Mocho 대표이사가 서울을 방문해 프레타 포르테 설립 50주년과 더불어 박람회 100회 기념행사로 한복 전시회를 열면서 한국 복식에 대한 이해를 높이는 전환점을 맞게 된다. 한복의 특징은 여러 가지 형태로 연출할 수 있으며, 색채 겹침의 효과를 나타낼 수가 있어 창조적이고 풍족한 여유와 아름다움을 나타낼 수 있다는 점이다. 특히 한복의 아름다움은 외관으로 보이는 선의 흐름과 옷감이 지닌 색채의 조화에서 찾아볼 수 있는데, 이 같은 선의 흐름과 조화에서 우리는 선조들의 뛰어난 미적 감각을 느낄 수 있다. 한복을 입고 움직일 때 생기는 동적인 선의 아름다움은 한복만이 가지는 우수성일 것이다. 이처럼 한복과 한옥, 전통공예 등에 나타난 뛰어난 미적 감각은 우리만이 가질 수 있는 고유한 디자인이다. 자칫 익숙함에 매몰되어 전통문화의 소중함을 망각한다면 문화융성은 한낱 구호로만 남게 될 것이다.

경제 대국으로 가는 초석

국론분열을 조장한다고 비난받았던 조선 시대의 당쟁은 국익을 생각하는 다양한 의견을 중재하고 합의를 토출하는 민주주의의 발로였다. 그러나 지나친 견제와 당파의 이익에만 몰두한 나머지 대의명분은 사라지고 반대를 위한 반대만을 일삼다가 망국의 설움과 전쟁이라는 뼈아픈 고통을 경험했다. 2016년 오늘, 부정부패와 사사로운 이익에만 눈먼 대한민국이 휘청거리고 있다. 이제 역사적 잘못이라는 수레바퀴를 멈춰야 한다.

정치란 무엇인가? '국가 권력을 획득하고 유지하며 행사하기 위해 행하는 여러 가지 활동을 일컫는다. 여기서 말하는 권력은 국민으로부터 잠시 위임받은 것으로, 국민의 권리를 위임받은 자는 국민을 대신하여 입법 활동에 참여하고, 올바른 국정운영을 위해 노력해야 한다.'

일반적으로 정치인하면 국회의원을 떠올린다. 대한민국 국회의원 수는 300명, 연봉 1억 4천여만 원 세계 최고 수준으로 한국 국회의원은 스스로 자신의 연봉을 정한다고 한다. 국회의원은 국민의 보통·평등·직접·비밀 선거에 의해 선출되며, 국가 의사 결정에 적극적으로 참여할 책임을 지는 헌법기관의 구성원으로서 지위를 가지며, 동시에 헌법에 의한 권한과 의무가 정해진 이중적 지위를 갖는다. 헌법상 권한과 의무란, 자유위임적 대의代議 의무, 불체포특권, 면책특권, 청렴 의무, 지위남용 금지 의무, 겸직금지 의무, 법률안 제출권 등으로 많은 특권이 있지만, 헌법에 명시된 국회의원의 의무도 만만치 않다.

나는 정치적으로 좌·우를 가리는 편향적인 사람은 아니다. 그러니 학연·인맥·혈연 등을 따지지 않는, 일 잘하고 국민을 잘 섬기는 정치인이라면 적극 지지해왔다. 정치인을 평가하는 기준은 사람마다 다르겠지만, 국익을 최우선으로 생각해야 하며, 자신의 말에 대한 책임, 준법정신 등이 내가 생각하는 정치인의 가장 중요한 덕목이다.

내가 좋아하는 정치인은 여야를 막론하고 딱 두 명이다. 이 두 국회의원은 국익을 위해서라면 당리당략黨利黨略을 버리고 소신과 책임정치를 통해 국가를 위해 헌신하고 있다고 믿는데, 우연하게도 여성이라는 공통점이 있다. 그들은 한 번 세운 원칙에는 흔들림이 없고, 국익을 위해서는 당론도 비껴가는 뚝심의 정치인들이다. 딴죽을 부려 자신의 존재감을 드러내며, 군복무규정을 회피하고, 부정과 비리에 연루되어 경제 또는 정치사범으로 복역한 경험이 있는 수십 배의 남성 국회의원보다 더 큰 정치인이 아닌가 싶다.

서울대학교 사회발전연구소가 조사한 '노블레스 오블리

주noblesse oblige 지표 개발을 위한 연구용역' 2009년도 통계에 따르면 준법의식, 병역 의무 이행, 기부 및 사회적 공헌도, 부패 인식도 등에서 한국사회의 지도층 인사들의 도덕지수는 26.48 점으로 합격선인 66점과는 많은 차이를 보인다. 즉, 낙제점을 면치 못했다는 뜻으로 우리나라 정치인들은 국익을 위하기보다는 기득권과 당리당략을 위해 이전투구泥田鬪狗처럼 하며, 유전무죄有錢無罪라는 말처럼 있는 자에게 관대하고, 권력과 돈으로 문제를 해결하며, 법리에 명시되어 있는 절차를 무시하고, 상대방의 경제적 권리를 아랑곳하지 않으며, 도로 점거를 일삼고 무력시위에 편승하는 등 우리 사회에 만연한 무질서는 쉽게 접할 수 있다. 이런 부조리한 행위의 시발점에는 윤리 의식의 부재가 있었고, 대다수의 지도층은 권력과 비리를 통해 자신과 주변의 이익을 옹호하고, 수단과 방법을 가리지 않아 쌓은 부富를 사회에 환원하려는 의지도 없어 보인다.

경제대국으로 가는 초석은 부정부패와 비리를 척결하는 것이다. 부정부패와 비리를 척결하면 대한민국의 GDP(국내총생산액)가 3% 이상 상승한다고 하니 선진국으로 진입하기 위한 가장 필요한 덕목이 윤리의식과 법규준수이다. 즉, 부정부패 척결은 우리에게 공평한 기회를 제공하고 GDP의 상승은 투자로 이어져 경제대국으로 진입할 수 있는 토대를 마련하고 일자리 창출이라는 긍정적인 효과를 가져올 것이다.

●

음식은 문화의 첨병
식사예절에서부터 식재료 및 주방기구와
소품을 비롯한 라이프 스타일을 통해
그 민족의 문화를
가장 먼저 체험할 수 있는 것이 음식이다.

●

2.무용가의 식도락

        필자는 대학원을 졸업하고 다음 진로에 대하여 심각한 고민에 빠졌었다. 한국무용전공자들이 가장 선호하는 직장은 국립무용단과 국립국악원무용단, 서울시립무용단인데 창의적인 작업을 선호하는 필자에겐 전통의 재현이나 전통의 변용보다 현대예술로서 가치를 지향하는 서울시립무용단이 향후 진로에 도움이 될 것 같아서 세종문화회관 산하 서울시립무용단에 입단하였다.

        서울시립무용단은 창작활동의 토대를 마련해 주고 경제적인 안정을 가져다주었지만 타성에 빠져들면 예술가가 아닌 직장인 즉, 배부른 돼지가 될 수밖에 없다는 평론가의 말과 잘 차려진 밥상과도 같은 무용단의 체제에 위기감과 갑갑함을 느꼈다. 그래서 서울시립무용단을 그만두고 모험과도 같은 독립예술가의 길로 접어들었다.

        독립예술가의 길은 인생의 쓴맛과 단맛을 온몸으로 체험

하는 소중한 시간이었으며, 빈 식탁과 관객이라는 미식가에게 어떤 요리를 만들어 차려내야 하고 대접해야 하는지 혼자 고민하고 실행하는 고독한 싸움이었으며, 자신이 만든 요리에 대한 관객의 혹독한 평가도 혼자 감내해야 하는 외로운 과정이었다.

생명체 중에 맛을 위해 요리를 하는 것은 인간뿐인데 춤과 요리는 공통점이 많다. 첫째, 형식은 있으나 계량화하기 힘든 창조적 활동이다. 둘째, 요리사와 안무가가 의도하는 바가 있지만 밥상과 무대에 음식과 작품이 올라가는 순간에 평가는 관객의 몫이다. 셋째, 요리는 육체의 포만감을 주지만 예술작품으로서 춤은 정신을 윤택하게 한다. 넷째, 한식과 우리 춤은 창작자의 정성이 맛과 작품의 질을 결정하는 공통점을 지니고 있다.

무용가의 식도락食道樂은 우리 정부가 문화융성을 위한 방향을 '한 스타일韓Style'로 규정하고 한복과 한글, 한옥과 함께 한식을 문화의 첨병으로 삼았는데 그 전략의 일부로 우리 춤에 고유한 색깔이 있듯이 우리의 음식문화에 다양한 이야기를 채색하여 문화의 품격을 높이려는 의도로 매체에 기고한 글들로 이루어졌다.

홀로 찾는 즐거움

때로 집중하고 싶은 그 무엇이 있다면, 혼자 음미하는 시간을 가지는 것이 좋다. 그것이 멋이든, 맛이든, 흥이든. 혼자 서점에 들러 보고 싶은 책을 찾아보거나, 영화 삼매경에 빠져 감독의 의도를 읽어 내거나, 한적한 길을 걸으며 무념에 빠져보는 것, 그리고 맛을 음미하며 즐기는 일들을 누구는 초라하고 청승맞다고 할지도 모른다. 하지만 내면의 성찰과 창조적인 구상, 그리고 온전한 휴식을 원한다면 절대 필요한 시간이다. 함께할 누군가를 찾아내고 시간을 정해서 약속하는 번거로움이나 상대방을 배려하기 위한 옷차림, 조금은 가식적인 말과 행동, 누군가의 간섭이나 시선에서 벗어나 자유를 만끽한다는 것은 정말 가슴 벅찬 일이다.

〈무이무이Muimui〉에 가면 먼저 건축양식이 눈에 띈다. 철 구조에 콘크리트와 유리로 마감된 2층 건물의 가운데를 드러내고 비워, 전혀 어울릴 것 같지 않은 나무와 꽃들로 장식한 건물 천장에는 배관 파이프가 훤히 드러나 있다. 전형적인 포스트모던 양식이다. 2층에는 방과 실내 테이블 그리고 테라스로 분할된 공간이 마련되어 있어 서구 건축양식에 한옥의 장점을 고려한 디자인이 눈에 들어온다. 여기에 자연과의 조화를 더 하고 좌석 간 거리를 충분히 두어 그곳을 찾는 이가 마음의 여유를 즐길 수 있다. 주변 사람들에게 간섭받기 싫어하는 현대인들의 마음을 잘 헤아리고 있는 점 덕분에 소규모 모임부터 부담 없이 친구와 담소를 나누는 공간, 파티와 패션쇼의 무대 등 다양한 쓰임새를 가질 수 있을 것 같다.

이곳에 자리한 안락한 소파와 작품 같은 다기茶器와 소품들이 음식의 품격을 높여준다. 〈무이무이〉의 음식은 안주인의 성품만큼이나 단아하고 정갈하다. 나는 맛과 멋으로 칭찬받아 마땅할 음식이라면, 손이 덜 가는 단순한 것을 좋아한다. 모든 재료가 신선하여 요리의 과정이 짧을수록 좋은 음식이라는 생각 때문이다.

내가 자주 즐기는 음식은 된장비빔밥. 한우와 풋고추를 듬뿍 넣어 부드럽고 개운한 맛이 좋고, 무심한 듯 보이지만 건강과 식감을 고려한 요리사의 정성이 듬뿍 담겨있다. 겨울에는 차 한 잔과 구운 가래떡을 시켜 조청에 찍어 먹으면 어린 시절과 어머님의 향수를 떠올릴 수 있고, 한여름엔 후식으로 얼음을 갈아 우유를 살짝 곁들인 완두콩 빙수가 더위를 쫓아준다. 가끔 내게 주는 사치이며, 짧은 휴식은 바로 이곳에서 이뤄진다.

세상 사는 즐거움

세상 사는 즐거움 중 식도락만 한 것이 있을까. 생존을 위해 영양분을 섭취하는 것이 아니라 맛을 음미하기 위해 요리하는 지구상의 유일한 생명체가 인간이라고 한다. 후각을 통해 뇌를 자극하고, 시각적 즐거움과 미각을 통해 맛을 음미할 뿐만 아니라 신선한 재료를 씹을 때 나는 소리를 통한 청각적 즐거움까지 식도락만큼 사람을 만족하게 하는 행복한 자극도 없을 것이다.

나는 곳곳을 다니며 여러 음식을 두루 맛보며 즐길 수 있는 여유와 형편을 갖지는 않았지만, 같은 값이면 발품을 조금 더 팔더라도 맛있는 포만감을 느낄 수 있는 행복한 경험을 포기하지는 않는다. 일정이 없어서 오랜만에 늦잠을 자는 날이면 좋은 친구와 미리 약속하고 이른 점심을 먹으러 정오쯤 〈청목青木〉을 찾는다. 실컷 게으름을 피우고, 오랜만에 정겨운 담소를 나누며, 가족과 함께 하는 느낌을 보상받기라도 하듯, 기분 좋은 포만감을 느낄 만큼 충분히 먹고 즐길 수 있는 곳이다.

〈청목〉은 송파구 삼전동 삼전사거리에 자리한 한식집이

다. 건물 2, 3, 4층의 넓은 식당은 평소에도 줄을 서서 한참을 기다려야 음식을 맛볼 수 있는 곳이다. 일단 테이블에 앉으면 주문이 필요 없고, 기본 상차림에 추가 요리를 주문할 수 있지만 12,000원 밥상이 푸짐해 굳이 다른 요리를 추가하지 않아도 된다. 시간을 절약하기 위해 잘 차려진 밥상을 테이블 레일 위로 쭉 밀면 상차림이 완성된다.

2인 상차림이 기본이라 혼자 즐길 수는 없으니 좋은 친구와 미리 약속하고 들르면 오감으로 느낄 수 있는 밥상을 마주할 수 있다. 돌솥밥에 시래깃국과 콩비지 그리고 보쌈, 잡채, 맛있는 간장게장과 생선구이, 각종 산나물이 한 상 가득하다. '아낌없이 대접받는 느낌이 이런 것'이구나 하는 만족감마저 느낄 수 있다.

주말 점심이나 저녁에 온 가족 또는 중년층으로 보이는 다수의 남녀가 한자리에 모여 도란도란 이야기를 나누며 맛에 취해 있는 모습을 보면 '사람 사는 것이 저쯤은 되어야지.' 하는 생각이 든다. 누군가와 얼굴을 마주하고 맛있는 음식을 나눈다는 것, 세상에서 가장 큰 축복일 것이다.

격식을 벗고 즐기는 해방감

프랑스인들은 신분 상승을 위해 가난한 사람들도 가끔은 정장을 하고 고급 식당에 들러 식사예절을 익힌다고 한다. 식사예절을 언제 올지 모를 기회에 대비해 갖춰야 할 기본적인 소양이라고 생각하는 모양이다. 이처럼 우리는 상대방을 배려하고 품격을 갖춰야 하는 예의범절이라는 굴레 속에 살지만, 누구나 한 번쯤 격식을 벗어버리고 가끔은 해방감이나 자유를 맛보고 싶을 때가 있다.

〈로또로Rotolo〉는 이태원 해밀턴 호텔 건너편에 소박하고 단아하게 자리 잡은 이탈리안 팝 레스토랑으로 시끄러운 음악을 들으며 특별히 맛있는 맥주와 롤 피자, 파스타 등 다양한 요리를 저렴하게 먹을 수 있는 곳이다. 그곳에서는 빨간 벽돌에 늘 흑백 영화가 상영되고 팥빙수에서 파스타까지 다양한 메뉴를 선택해서 맛볼 수 있어 일탈하듯 격식을 던져버리고 싶을 때 제격이다. 특히 매니저가 직접 개발한 스파이시 오징어 크림 파스타는 매콤함과 달콤함이 절묘하게 조화를 이루는 인기 메뉴이다.

'로또로'는 상호명이기도 하지만 롤 피자를 뜻하는 말이기도 하다. 여덟 가지 롤 피자가 있는데 특히 콤보 로또로, 핫페퍼로니 로또로, 갈릭새우 로또로 등이 가장 인기가 많고, 블랙 더치 피자 종류에서는 고르곤졸라 피자, 페퍼로니 피자, 새우가 토핑으로 올라간 핫쉬림프 피자 등이 많이 소비되는 메뉴다.

바쁜 일상 중 허기를 채우거나, 일과를 마치고 맛있는 맥주와 음식을 사이에 두고 친구와 담소를 나누고 싶을 때 〈로또로〉에 간다. 세계 각국의 사람이 모여, 저마다 다양한 풍습을 보여주는 이국적인 이탈리안 팝 레스토랑 〈로또로〉는 내게 잠시 일상에서 탈출하여 자유를 만끽할 수 있는 해방구이다.

지갑이 가벼운 사람이나 마음이 가난한 사람도 풍족한 식사를 할 수 있고, 다양한 사람과 친구가 될 수 있으며, 가격대비 만족도가 높은 이곳에서 평소라면 입에도 대지 않는 맥주잔을 들고, 가게 한 귀퉁이에서 즐거워하고 있을 자신을 만나게 될지도 모를 일이다.

할머니를 닮은 정감 있는 청국장

어린 시절, 친구들과는 달리 친할머니와 외할머니를 대면한 적도, 그분들의 사랑을 받아본 적도 없다. 내가 막내에 늦둥이로 태어났을 때 할머니들께서는 이미 돌아가신 뒤였다. 할머니의 관심과 사랑을 듬뿍 받는 친구들이 무척 부러웠는데, 부모의 완고함에 비해 할머니는 모든 것을 포용할 수 있는 넉넉함과 부드러운 심성, 따스한 품이 있다고 믿었기 때문이다.

초등학교 3~4학년이 되도록 여전히 어리광에 익숙했고 어머님 품에 안기면 입버릇처럼 '난 세상에서 엄마 냄새가 제일 좋다'며 속삭였다. 어머니의 품은 따뜻했지만 그런데도 할머니의 품이 그리웠다. 어머니의 엄마 또는 아버지의 엄마이신 할머니의 손을 잡거나 업혀 다니는 아이들에 비해 나는 늘 사랑을 반쯤 손해 본다는 생각을 떨쳐버리지 못했다. 아직도 할머니의 체취는 어떤 향인지 그립고, 윤기 없고 까칠한 손으로 아껴둔 쌈짓돈과 곶감을 주셨을 할머니의 사랑이란 어떤 것인지 갈증을 느낀다.

그런 할머니를 청국장이라고 정의하고 싶다. 할머니와

청국장은 아름답고 세련된 모습은 아니지만 푸근하고 정겨운 품과 체취로 어린 시절 고향을 느끼게 해주며, 절대 해가 되지 않은 넉넉하고 여유로운 심성과 자신의 맛을 드러내지 않는 어울림이 닮았기 때문이다. 청국장은 콩과 볏짚에 붙어있는 바실러스Bacillus라는 미생물을 이용해 만든 비타민 B가 함유된 훌륭한 단백질원이다. 콩을 통째로 발효시켜 영양 손실이 적고 몇 달에 걸쳐 발효시키는 된장에 비해 2~3일에 완성할 수 있다. 청국장의 효능은 고분자 핵산, 항산화 물질, 혈전 용해, 단백질 분해 등으로 항암과 면역증강 효과가 있는 식품으로 알려져 있다.

종로구 인의동에 자리한 〈청국장밥〉에서 할머니를 닮은 정감 있는 냄새를 그리고 미각을 자극하는 푸짐한 음식을 만날 수 있다. 이곳 요리 중 청국장을 이용해 푹 삶아낸 돼지고기를 부추 위에 얹어 내놓는 수육이 일품인데, 기름을 쫙 뺀 고기는 맛이 담백하고 씹는 맛이 부드러워 식감도 좋고, 소화력이 약하거나 다이어트와 피부 건강을 생각하는 사람들에게 추천할만하다. 그리고 다양한 산나물과 채소, 김 가루를 청국장과 함께 비벼 먹으면 속 편한 포만감이 기분 좋게 밀려든다. 어린 시절의 추억과 할머니의 손맛을 느끼고 싶거나 저녁밥을 혼자 먹기 싫다면 동료나 친구들을 불러 이곳에 들르길 권한다. 마음 푸근하고 정감 있는 시간을 선물 받게 될 것이다.

비 내리는 날, 필요한 따뜻함

비가 내리는 서러운 주말, 시답잖은 이야기나 하며 한잔하자는
사람도 없을 때가 있다. 삶의 굴레를 맴도느라 주변 사람을 둘
러볼 마음의 여유조차 없었던 모양이다. 아직도 악몽이 두렵
고 혼자 보내는 주말은 외롭다. 내리는 비에 제 몸을 주체 못
하는 단풍잎처럼 내 감정도 위태롭다.

　　가을비가 쏟아지니 비의 무게를 이기지 못한 낙엽이 포도
위에 겹겹이 쌓여 차가 지날 때마다 볼품없이 이리저리 나뒹
군다. 계절이 바뀌는 것도 아쉽고 순식간에 떨어져 볼 성 사납
게 나뒹구는 낙엽이 애처로워 해물파전에 막걸리 한 잔을 기
울이며 담소 나눌 친구를 찾지만 막상 떠오르는 얼굴이 없다.
　　비 오는 날, 습관처럼 파전과 막걸리를 떠올린다. 그 막연
한 생각엔 그만한 이유가 있다고 한다. 비 오는 날에는 높은 습
도로 인하여 기분이 우울하고 열이 많이 나게 되는데, 이럴 때
밀가루 음식이 열을 낮추어 몸을 식혀주는 효과가 있다고 한
다. 특히 '막걸리와 해물파전에 많이 들어있는 단백질과 비타
민 B, 아미노산이 만들어내는 세로토닌 성분이 탄수화물 대사

분비를 증대시켜 기분을 좋게 해준다.'고 한다. 그러니 우리가 무의식적으로 비 오는 날에 먹는 밀가루 음식은 몸에서 생체적으로 필요한 반응 행동이라고 할 수 있다.

양재동에 가면 〈소호정笑豪亭〉이라는 국수와 모둠전, 묵무침을 맛있게 하는 음식점이 있다. 김영삼 전 대통령 부부가 즐겼다는 이곳의 안동국시는 밀가루와 콩가루를 섞은 데 현미 식초와 달걀흰자를 함께 넣어 반죽하는 것이 특징이다. 30도에서 두 시간, 상온에서 하루 정도 숙성한 후 면을 뽑고, 국물은 한우 양지 살코기를 두 시간 정도 끓여 그 맛이 쫄깃하고 담백하다.

굳이 비 오는 날이 아니어도 문전성시를 이루는 이곳엔 미각을 자극하는 반찬이 따로 있다. 뜨거운 물에 살짝 데쳐 양념한 깻잎은 그윽한 향과 맛이 일품이다. 이외에도 육전과 어전, 파전, 송이전 모둠과 갖은 양념과 함께 잘 익은 김치와 김가루에 버무린 메밀묵은 온갖 재료의 맛이 입안에 살아있는 것 같은 식감을 준다. 속이 허하거나 해장이 필요한 사람에게는 소고기 국밥이 제격이다. 양지 살코기에 양파와 무를 넣어 우려낸 소고깃국에 콩나물과 밥을 넣어 끓여주는데, 한여름 땀을 흘리며 먹어도 좋고, 추운 날 뜨거운 국물을 식혀가며 먹으면 속이 든든해진다.

'호걸들의 웃음이 있는 집'이라는 뜻을 가진 〈소호정〉의 음식은 비 오는 날이나 추운 날 허기졌을 때나 해장하고 싶을 때 모두 잘 맞는다. 사계절 내내 질리지 않을 만큼 정성스러운 손맛 담긴 요리를 넉넉한 그릇에 담아 내오기에 먹는 이의 마음을 여유롭고 만들고 기분 좋게 한다. 허기가 지고 기분이 우울한 날 이곳에서 포식한 후 배짱 좋게 웃으며 하루를 마감하는 것도 좋을 것이다.

연말연시 피로 해소를 위해

연말연시, 여기저기 모임에 불려 나가 한두 잔 마시는 술에 속은 쓰리고 몸도 지친다. 이럴 때 해장과 피로해소를 위해 집에서 재배할 수 있고 손쉽게 요리할 수 있는 식재료는 무엇일까? 바로 콩나물이다. 콩은 우리에게 식물성 단백질을 제공하고, 발효과정을 거치면 된장, 간장, 고추장, 청국장 등 한식에서 빠질 수 없는 양념이 된다. 그뿐만 아니라 시루에 콩을 씻어서 적당량의 물만 하루에 몇 번씩 주면 누구나 매일 콩나물을 이용한 반찬 몇 가지를 금방 요리할 수 있다.

콩나물은 피로해소나 숙취에 필요한 아스파라긴을 함유해 몸의 습한 기운을 없애고, 열을 내리며, 변비해소와 수분공급, 혈액순환, 독소제거를 통해 비장과 신장을 튼튼하게 해준다. 특히 고혈압이 있는 임산부, 당뇨병, 비만 환자, 위에 열이 많은 사람, 규폐증硅肺症 환자에게 이롭다. 규폐증이란 규산硅酸이 들어있는 먼지를 오랫동안 흡입하여 생기는 만성질환으로 광부들에게 주로 생기는 병이다. 이 병에 걸리면 호흡곤란으로 시작되어 기침과 가래, 흉통을 동반한다.

이외에도 암 환자, 간질, 변비와 치질, 심상성 사마귀 등의 증상에도 콩나물이 효과적이라니 이보다 더 좋은 식재료가 또 어디 있을까. 진시황이 생전에 콩나물의 존재를 알았다면 세상에 없는 불로초를 찾으려고 신하들을 보내지 않고 콩나물 요리를 더 애용했을지 모를 일이다.

종로구 낙원상가 어귀에 〈마산 아구찜-통나무 2호점〉이 있다. 입구가 크지도 않고 화려하지도 않아 찾기 쉽지 않은 그저 흔히 볼 수 있는 동네 음식점이다. 이곳의 메인 요리는 아구찜이다. 과거에는 어부들이 아구 또는 아귀라 불리는 못생긴 녀석을 잡으면 쓸모없는 생선이라고 바다에 던져버렸다고 하는데, 요즘은 아구가 저지방 생선으로 다이어트에 좋고 성장발육과 피부건강에 좋다고 알려지면서 제법 귀하게 대접받고 있다.

콩나물에 의해 비로소 완성되는 매콤한 아구찜, 아구찜에 들어있는 칼칼한 맛을 내는 고추는 캡사이신이라는 성분을 함유해 지방분해에 효과적이라 비만 예방에 좋고 항암작용과 진통제 역할도 한다고 하니 아구찜이야말로 현대인들에게 꼭 필요한 음식이 아닌가 싶다. 이 집에서 아구찜을 시키면 무우로 만든 맑은 물김치가 먼저 나오는데 매콤함을 씻어주는 청량효과와 함께 새콤달콤한 맛이 그만이다. 난 아구찜이 나오기도 전에 한 그릇을 다 비우고 다음 그릇을 비우고서야 식사가 끝날 만큼 그 맛에 중독된 지 오래다. 여기에 채소 볶음밥을 주문해서 아구찜 양념에 비벼 먹으면 금상첨화다.

한국의 고풍스러운 문화를 집약해서 볼 수 있는 곳이 사대문 안의 궁궐과 인사동을 포함한 북촌이라면, 종로 3가 피맛골과 낙원상가 인근 주변 음식점은 서민들의 애환을 함께 나누던 곳이 아닌가 싶다. 그 어귀에 자리한 〈마산 아구찜-통나무 2호점〉에 오가는 길에 들러보자. 땀 흘리며 맛보는 서민적인 음식 아구찜 맛에 반할지도 모른다.

퇴색하지 않는 아쉬움

필자는 철들자마자 고아가 되어버렸다. 아버님은 오랜 투병 끝에 돌아가셨고, 어머님은 잠결에 요양원에서 숨을 거두셨다. 부모님께서는 늦둥이 막내에게 효도할 기회조차 주시지 않고 성급하게 세상과 이별하셨다. 그래서 필자가 누리는 호사에는 늘 쓸쓸함이 묻어있다. 좋은 풍경을 마주하거나 맛있는 음식을 먹을 때면 나도 모르게 가슴이 울컥하고 목이 멘다. 부모님을 모시고 맛있는 음식을 먹으며 여유롭게 담소를 나눌 기회를 단 한 번이라도 가져봤더라면 이렇게 서럽지 않았을 텐데. 시간이 흐르고 나이가 들수록 아쉬움은 퇴색하지 않고 선명해질 뿐이다.

부모님을 모시고 가고 싶은 음식점 중 하나가 압구정에 자리한 〈강가Ganga〉다. 이곳은 인도 전통식을 맛볼 수 있는 곳으로, 이국적인 인도 분위기를 고스란히 옮겨놓은 넓고 쾌적한 고급 인도요리 전문점이다. '강가[155]'는 인도인들의 정신적 고향으로 인도인들에게는 '천국에서부터 시작된 성스럽고 깨끗한 강', '신성한 자연과 사람을 살리는 어머니의 강'이라고 일컬어지고 있다.

〈강가〉는 하이데라바드Hyderabad 지방의 무굴Mughul 왕조 음식과 펀자브Punjab 지방의 탄두 요리Tandoo Food와 유명한 나왑Nawab 왕의 라와치르하나스Bawachifhanas라는 인도의 고급정통요리가 주 메뉴이다. 모든 요리에는 인공조미료를 전혀 사용하지 않고 약 20여 가지의 향신료로 맛을 내며 신선한 식재료를 통해 건강한 음식을 제공한다. 특히 20년 이상 된 인도요리전문 셰프가 주기적으로 식재료와 음식을 점검하며 매장마다 10년 이상 경력의 인도인 셰프가 세 명 이상 상주하여 고급 인도요리의 정통과 맛을 선보이고 있다.

이곳은 『미슐랭 가이드』와 함께 세계 100개국에서 레스토랑 지침서로 꼽히는 『자갓Zagat』에 한국인이 가장 좋아하는 인도식당으로 선정되었으며, 중독성이 강한 커리와 화덕에서 구워낸 탄두리치킨을 통해 인도음식의 대중화에 기여하고 있다는 평가를 받았다. 독일에서 발행하는 아시아 독립적 음식점 안내서인 『밀레가이드The Miele Guide』 2009년과 2010년 에

---

155 인도 북부 평원지대를 흐르는 갠지스 강.

디션, Korea top 20에도 인도음식점으로는 유일하게 선정되는 등 대외적으로 명성이 자자하다.

컴퓨터나 책을 많이 읽어야 하는 사람이나 눈에 쉽게 피로감을 느끼는 사람에게는 커리Curry가 좋다. 커리의 주성분인 '강황'에 커큐민이라는 성분이 들어있어 눈이 좋아질 뿐 아니라 염증도 완화시켜주며 세포 활성화와 면역력까지 강화시켜 준다니, 커리는 미각의 호사와 건강을 위해 자주 먹어야 할 음식이다. 내가 강가에서 제일 자주 먹는 음식은 '치킨마크니'인데, 인도의 강하고 독특한 향료의 맛을 완화한 부드럽고 달콤한 음식이다. 커리에 곁들여 먹는 음식으로는 얀Yan과 난Nan이 있는데, 얀은 하얀 쌀밥에, 난은 화덕에 붙여서 구워낸 얇은 밀가루 빵으로 갈릭 난과 버터 난이 있는데, 커리를 따뜻한 버터 난과 함께 먹으면 부드럽고 달콤한 맛을 깊게 음미할 수 있다. 망중한을 즐기며 이국적 풍경과 맛있는 음식을 맛볼 요량이라면 강가를 추천한다.

좋은 벗과 함께 하는 삶

묵은 먼지는 훌훌 털어버리고 겸허한 마음으로 새해를 맞는다. 혼자서는 똑바로 서서 걷기조차 힘든 세상, 서로 기대고 벗하며 동행한다면 조금은 덜 지치고 조금은 덜 지루한 삶이 될 것이다.

가끔 마음이 허허로울 때나 시간이 여유로우면 기분 좋게 만나 밥을 먹고 차도 마시는 친구가 있다. 그 친구는 문화·예술·교육의 도시, 청주에서 나고 자랐으며 사람을 위하고 배려할 줄 아는 사람이다.

가끔 사회를 보거나 관객으로 청주 예술의 전당을 방문하면 공연장을 가득 채운 관객들의 진지함과 좋은 작품에 아낌없는 찬사를 보내는 청주 시민을 보면서 문화인으로서 품격을 제대로 갖추었다고 생각했다. 그런 청주 시민의 애정과 관심이 있었기에 청주에서 자라고 활동한 그가 한국을 대표하는 무용가의 반열에 오를 수 있었을 것이다.

필자는 그를 '작은 거인'이라고 평가한다. 자그마한 체구와 차분하고 온화한 미소 뒤에 원칙을 중요하게 생각하는 완고함과 일에 대한 추진력을 보면 '거인' 못지않은 힘이 느껴지기 때문이다. 그는 감성적이고 독창적인 작품세계를 통해 서울무용제와 전국무용제, 한국무용제전에서 작품성을 인정받고 수상의 영예를 누렸으며, 재능기부를 통한 사회공헌활동으로 많은 예술가의 본보기가 되고 있다. 그와 함께하는 시간은 언제나 유쾌하고 발전적이다.

둘도 없을 만큼 좋은 친구 박시종이 유별나게 좋아하는 음식점이 있는데, 그곳은 필자의 십 년 단골집이기도 한 마장동 소재 〈목포산꽃게찜〉이다. 무작정 가면 줄을 서서 한참 기다려야 하거나 때로 지쳐서 포기하고 돌아올 만큼 유명한 맛집이다. 매일 새벽에 올라오는 꽃게의 품질이 좋지 않으면 돌려보내고 그날 장사를 접을 만큼 주재료인 꽃게에 각별히 신경을 쓰는 집이다.

꽃게는 봄과 가을이 제철인데, 봄에는 암꽃게가 알을 배고 있어 맛있고 가을에는 수놈이 살이 쪄 맛있다. 꽃게찜, 꽃게탕, 게장 등 여러 조리법이 있지만 게살이 꽉 찬 가을 꽃게는 그대로 쪄서 먹거나 끓는 물에 삶아서 먹는 것이 최고의 요리이다. 살이 오른 싱싱한 꽃게 그 자체가 최고의 요리이기 때문이다. 사계절 내내 이 집에서 먹을 수 있는 별미는 역시 꽃게찜인데, 아구찜과 조리방법이 흡사하지만 꽃게의 짭조름하고 달착지근한 맛을 콩나물과 양념에 버무리면 요즘 같은 겨울에

훌륭한 보양식이 된다.

〈목포산꽃게찜〉에서 나오는 밑반찬은 맑은 싱건지[156]와 홍어무침, 메추리알, 해조류와 김치인데, 밑반찬의 맛이 과하지도 덜하지도 않아 주메뉴인 꽃게찜의 맛을 해치지 않는다. 꽃게찜을 다 먹을 즈음 돌솥에 지은 고구마·흑미밥이 나오는데, 남은 양념에 비벼 먹어도 좋고 마지막 나오는 숭늉에 말아 먹어도 좋다. 한겨울 땀을 흘리며 매콤하고 달착지근한 꽃게찜을 먹노라면 세상 부러울 것이 없다. 허물없이 지내는 친구와 먹는 꽃게찜이라면 격식을 버리고 실컷 즐겨도 좋을 것이다.

---

156 무로 만든 국물김치.

품격을 잃지 않는 멋과 맛

흔히 학식이 높고 행실이 어진 사람을 사군자四君子(梅·蘭·菊·竹)에 비유한다. 눈 속에서 제일 먼저 고운 꽃을 피워 청초한 자태와 맑은 향기를 간직한 매화梅는 선비의 절개를 상징하고, 색채가 화려하지는 않으나 곱고 은은한 향기를 지닌 난蘭은 선비의 지조와 여인의 절개를 상징하며, 늦가을 첫 추위와 서리를 이겨내며 피는 국화菊는 봄꽃과 다투지 않고 홀로 피어 고고하게 살아가는 은자에 비유되며, 사철 푸르고 곧게 자라는 대나무竹는 높은 품격과 강인한 아름다움을 지녀 난세에 절개를 굽히지 않고 지조를 지키는 고아한 군자에 비유되기도 한다.

마음이 정갈하고, 심지가 곧으며, 자신을 드러내지 않고, 언행일치言行一致를 통해 어떤 환경에서도 외유내강外柔內剛의 면모를 잃지 않는 군자 같은 사람이 있다. '예술인들의 열정과 혼이 빚어내는 작품은 모든 이들의 삶 속에서 꿈과 희망을 심어주기에 존경받아 마땅하다.'는 창원 건설 유진성 이사는 문화예술인을 조명하고 후원하는 일에 헌신한 사람이다. 한 손이 하는 일을 다른 한 손이 모르도록 하는 겸손의 미덕을 실천

할 뿐만 아니라 300여 점의 미술작품을 소장한 진정한 예술 애호가가 아닐 수 없다.

　품격을 잃지 않는 멋과 맛, 흥을 즐기는 유 이사는 가끔 가까운 지인들과 찾는 음식점이 있다. 소란스럽지 않아 담소 나누기에 좋고, 내부 장식이 과하거나 부족하지 않은 이곳은 그분의 은은한 성품처럼 깨끗하고 소박하다. 가맹점인데도 주인의 후덕한 마음과 너그러운 인심 덕에 음식이 유난히 맛있어서 대접하는 사람의 마음과 장소에 따라 체감하는 맛이 다르다는 것을 새삼 느낄 수 있다. 중부경찰서 맞은편에 있는 〈벤또랑Bentorang-을지로점〉은 주문이 가능한 수제도시락 전문점이다.

　따스한 봄날, 건물 근처 공원이나 작은 공터 벤치에 둘러앉아 잠깐의 여유와 산뜻함을 만끽하고 싶을 때 이곳 음식이 제격이다. 이곳의 메뉴는 크게 네 가지로 분류할 수 있다. 정성스럽게 구운 차슈叉燒와 장어, 도미 뱃살 등 저지방 생선구이가 주로 토핑된 로스트는 피부미용이나 다이어트를 즐기는 사람들에게 인기가 많은 메뉴이다. 이에 비해 후라이는 고소하고 담백하게 튀겨 낸 토핑으로 등심까스와 돈카츠豚カツ, 타고야끼蛸 등으로 아이들뿐만 아니라 어른들도 별식으로 즐길 수 있는 메뉴이다.

　이 외에 동양의학에도 사용되는 강황이 주재료인 다양한 맛의 커리는 소염작용과 항산화 작용, 항암 및 다이어트에 효과적인 식품으로 잘 알려져 있고, 동서양을 막론하고 오래 보관할 수 있어 비상식량이나 별미로 즐길 수 있는 누들Noddle도 간편하고 쉽게 먹을 수 있는 인기 메뉴이다. 가끔 여유롭고 차분하게 친구와 담소를 나누고 싶을 때는 연어회와 바비큐차슈, 타코와사비와 유기농 낫또納豆로 요리된 포인트 메뉴로 맥주나 소주 또는 사케를 곁들이면 제격이다.

〈벤또랑-을지로점〉은 직장이나 야외에서 제법 근사한 기분을 내고 싶을 때도 좋고, 퇴근 후 반주를 곁들여 먹기에도 좋은 음식점이다. 특히 주인의 후덕한 인심뿐만 아니라 일본인들의 청결의식을 그대로 담은 음식과 매장에서 정을 나누고 느끼기에 부족함이 없다. 내가 존경하는 그분의 성품과 닮은 이곳은 언제나 정겹고 풍요로운 안식과 기분 좋은 포만감을 선물한다.

처진 어깨를 일으키는 위로

대한민국에서 남자로 살아간다는 것은 수많은 감정의 절제와 지켜야 할 덕목을 갖는 것을 의미한다. 태어나면서부터 남자다움에 길들여지고 훈련되며, 치열한 경쟁과 과도한 업무, 삶의 중량감 탓에 처진 어깨를 하고, 희생을 미덕으로 여기며 힘겨운 일상에 눈물 어린 미소를 짓는 그들. 작은 위로를 통해 이 시대의 모든 아빠의 처진 어깨를 부추겨주고 싶다. 제30회 서울무용제 경연대상에 참가한 〈아빠의 청춘〉의 안무 의도이다.

한때 아들의 눈에 비친 아버지는 존경의 대상이자 두려움의 대상이기도 했다. 그러나 현재를 살아가는 아버지들은 가족부양의 의무를 다해야 하는 아버지, 다정하면서 신뢰를 줄 수 있는 남편, 살벌한 생존경쟁에서 살아남아야 하는 가련한 존재이다. 『쉐프파파의 쿠킹스토리』 저자인 이길남 역시 그런 아빠다. 그는 아내와 딸을 위해 '누구보다 쉽고 빠르게, 하지만 맛있게 만드는 특별한 요리'를 모아서 책으로 묶었다.

이길남은 방송생활 17년 차의 베테랑 방송인이다. 그의 직업은 업무상 밤낮이 뒤바뀌는 일이 다반사라 야근을 수시로 하며, 실수하면 여과 없이 드러나는 방송사고 때문에 긴장을 늦출 수 없다. 그러니 가족들과 함께할 수 있는 시간, 공유할 수 있는 것들에도 한계가 있을 수밖에 없었다. 그러던 중, 가끔 딸아이 간식을 위해 해주는 요리가 재미있고 즐겁기 시작했다고 한다. 제법 소질이 있다는 사실에 바쁜 업무를 쪼개가며 요리를 배우기 시작했고, 이제 주말이면 아내와 아이들이 먹고 싶어 하는 음식을 직접 요리해줄 수 있는 실력이 되었으며, 무엇보다 자신이 만든 요리를 맛있게 먹는 가족들의 모습을 보면 그렇게 기쁠 수가 없단다. 인자한 아빠이자 다정한 친구와 연인 같은 남편인 작가가 추천하는 곳이 있다.

〈충무로 쭈꾸미 불고기〉는 1976년부터 터를 잡고 쭈꾸미 불고기만 전문적으로 만들어온 식당으로, 인근 직장인들의 애환을 엿볼 수 있는 곳이기도 하다. 숯불에 고추장 양념을 한 쭈꾸미와 조갯살을 구워내면 바다 내음이 후각을 자극한다. 달콤하고 매콤한 미각이 살아나 쭈꾸미 한 마리에 소주 한 잔이 절로 생각난다. 저녁 시간, 퇴근하는 직장인들이 몰려와 빈자리가 없는 이곳에 또 하나의 별미는 쭈꾸미 볶음밥이다. 양념한 쭈꾸미를 잘게 썰어 밥과 함께 볶다가 마지막에 김치를 더하면 쫄깃한 쭈꾸미와 양념이 잘 밴 밥, 아삭거리며 씹히는 김치 맛이 포만감을 잊어버릴 만큼 맛좋다.

〈충무로 쭈꾸미 불고기〉는 마음이 여린 남편과 평범한 아빠, 업무에 시달리는 힘없는 남자들이 위로받고 충전하는 곳이기도 하다. 나는 직업 특성상 건강과 몸매에 대해 예민한 편이지만 여기에 올 때만큼은 몸 관리도 뒤로 미룬 채 쭈꾸미 볶음밥 2인분을 게 눈 감추듯 하고 만다.

누이 닮은 꽃

간밤 꿈속에 눈물만 남기고 멀어져간 누이는 시린 내 가슴에 한 송이 꽃을 피우고 여린 자태로 시집간 지 세 해라. 그 고운 모습에 엷은 미소 띠고 앞 가리운 눈물에 하늘로 추겨든 쪽빛 들국화. 올해는 예쁜 꽃신 신고 치맛자락 돌 쓸며 달려와 가냘 픈 목소리로 내 이름 불러주련만 댕기 풀고 수줍어하던 모습이 지금은 가고 없는 들국화 한 송이.

위는 필자가 고등학교 2학년이던 시절 교내 백일장에서 장원을 수상한 시 〈누나〉의 한 구절이다. 나의 누이는 시인 서정주의 〈국화 옆에서〉처럼 소담스러운 국화, 원숙미 넘치는 여인이 아니라, 쪽빛 들국화 같은 어린 신부에 비유되었다.

국화는 사군자四君子의 하나인 관상식물로 사랑받는 꽃이다. 잎은 어긋나고 날개깃처럼 갈라져 조각의 가장자리에는 작은 톱니들이 있고, 암·수술이 모두 있는 통상화筒狀花와 가장자리가 암술로만 된 설상화舌狀花가 있다. 들이나 산기슭에 피는 들국화나 감국화는 꽃잎과 뿌리, 싹 모두를 약재로 사용할 수 있다. 『동의보감』에서는 '국화수는 성질이 온순하고 맛이 달며

독이 없는 물이다.'라고 기록하고 있다. 국화의 효능을 알아보면, 첫째, 해독작용과 소염작용이 뛰어나 체내 정화작용에 효과적이다. 둘째, 열감기나 기관지염, 폐렴 등에도 효과가 있다. 셋째, 감국화는 공간의 인지능력과 학습능력 향상 및 인지능력 감퇴 증상을 방지하고, 치매 치료에도 효과가 있다고 한다. 넷째, 국화수를 사용하면 아토피와 비듬이 완화된다. 다섯째, 국화는 시력이 약하거나 눈의 피로감을 자주 느끼는 사람에게 효과적이다. 그뿐만 아니라 『본초강목本草綱目』에서는 '꾸준히 복용하면 혈기에 좋고, 몸을 가볍게 하여 쉬 늙지 않으며, 위장을 편안케 하고, 오장을 돕고, 사지를 고르게 하며, 감기와 두통, 현기증에도 유효하다.'고 국화의 효능을 서술하고 있다.

　　대학로 아르코예술극장 부근에 소재한 〈국수가菊秀家〉는 국화수를 사용하는 국수 전문점이다. 담백하고 시원한 바지락 칼국수에서 얼큰한 김치 칼국수, 동지에만 맛볼 수 있는 팥 칼국수, 여름에 콩국에 얼음을 띄워 먹는 시원한 콩 칼국수, 잘 익은 열무에 쫄깃한 국수를 말아 먹는 새콤달콤한 열무 국수와 채소가 듬뿍 들어간 비빔국수까지 다양하고 맛있는 국수뿐만 아니라 고기·김치 왕만두 등을 맛볼 수 있는 곳이다. 공연장을 찾아 대학로에 가면 먹는 즐거움을 위해 으레 들르는 곳이다.

　　이곳의 별미는 쑥과 자색고구마와 호박으로 빚은 삼색들

깨수제비이다. 큰 가마솥에 국화수를 붓고 들깻가루를 풀어 듬성듬성 손으로 떼어낸 밀가루 반죽을 넣고 끓이면 흔히 맛볼 수 없는 투박하고 정갈하며 담백한 어머니의 제대로 된 손맛을 맛볼 수 있다. 여기에 온갖 양념과 고소한 참기름을 섞어 만든 주먹밥은 주린 배를 달래고 잊어버린 미각을 일깨워 준다. 나른한 봄이다. 기분전환도 할 겸 대학로에 가서 재미난 공연도 보고, 국화수에 끓여낸 삼색들깨수제비와 주먹밥을 먹으며 무심한 듯 담백하고 깊이 있는 어머니의 손맛을 느껴보는 것도 좋을 것이다.

나른한 봄을 이겨내기 위한 노력

차갑고 건조한 겨울을 지나 봄이 되면 급격한 환경 변화로 신체 리듬이 깨지고 식욕부진과 졸음, 두통, 소화불량, 피로감, 어지러움, 권태감 등이 밀려온다. 새로운 환경에 적응하기 위한 과정과 현상인, 춘곤증春困症이다. 봄철에는 겨울보다 상대적으로 신진대사가 왕성해지면서 비타민의 요구량이 증가하게 되므로 신선한 채소와 과일을 많이 섭취하여 피로 회복과 면역력 향상에 힘써야 한다.

바나나는 과일 중에서도 뇌가 활동하는 데 필수적인 에너지원인 당을 공급하고 칼로리가 적으면서 체내에 빠르게 흡수되고, 영양소가 풍부하여 봄철 춘곤증을 이기는 데 좋다고 한다. 바나나 외에도 춘곤증을 이기는 비타민 공급원이 봄나물이다. 봄나물의 종류와 효능은 다음과 같다.

두릅은 사포닌의 함유로 혈액순환과 피로해소, 혈당강화 등 당뇨 환자에게 좋다. 다른 채소에 비해 단백질이 풍부하고 비타민 A와 C, 칼슘과 섬유질이 풍부하여 다이어트에도 효과적이며, 머리를 맑게 해주고 활력을 줘 스트레스가 많은 사람에게 좋다. 4월에 채취한 두릅이 혈당강화에 효과적이라 '봄 두릅은 금, 가을 두릅은 은'이라는 말이 있을 정도로 두릅은 봄에 제격인 나물이다.

다음으로 미나리는 성질이 차서 몸속의 열을 없애고, 가래 제거와 이뇨작용을 활성화시키며, 식물성 섬유가 풍부해서 변비 예방에 탁월한 효과가 있다. 특히 몸속의 독소 배출과 해독능력이 뛰어나다고 알려져 있다.

쑥은 따뜻한 성질을 지녀 몸이 찬 사람들이 양기를 보충하는 데 효과적인 나물로 추위를 심하게 타는 사람과 여성들에게 특히 좋으며, 비타민 A와 C가 풍부하여 감기 예방과 피부 미용에도 좋을 뿐 아니라 설사와 복통에도 효과적이다.

달래는 비타민 C와 칼슘이 풍부해 감기와 빈혈 예방에 뛰어나며 동맥경화에도 탁월한 효능을 지녔으며, 비장과 신장의 기능을 도와 성욕을 왕성하게 해준다고 한다. 마지막으로 냉이는 성질이 온화하여 간을 튼튼하게 하고, 오장육부를 조화롭게 해주며, 지방간을 치료하고 눈을 맑게 하는 데 효과적인 봄나물이다.

이처럼 춘곤증을 이기기 위해서는 과일과 채소를 섭취하는 것이 가장 효과적인 방법이라고 알려져 있으나, 이런 나물은 개별 양념을 해야 해서 혼자 사는 사람과 바쁜 업무에 시달리는 직장인들에게는 시간과 비용에 부담이 있다. 그래서 나는 일주일에 한 번씩 단백질과 비타민, 섬유질의 섭취뿐만 아니라 다양한 맛을 즐기기 위해 찾는 곳이 있다.

성동구청 근처 〈채선당菜鮮堂−성동구청점〉이라는 샤브샤브 전문점이 그곳이다. 이곳 이름을 우리말로 풀어보면, '채소가 신선한 집'이며, 샤브샤브는 '찰랑찰랑' 또는 '살짝'이라는 의태어에서 유래되었다고 한다.

샤브샤브는 끓는 육수에 얇게 저민 쇠고기나 해물을 갖가지 채소와 함께 즉석에서 살짝 데쳐 양념에 찍어 먹는 일본 요리인데 사람의 손맛이 다른 것처럼 같은 재료와 요리법으로도 맛이 다를 수밖에 없나 보다. 샤브샤브를 좋아하게 되면서부터 여러 곳에 들러 맛을 보았음에도 유독 이 집으로 발길이 향하는 이유가 무엇일까?

〈채선당−성동구청점〉에서 내가 자주 먹는 메뉴는 '스페셜 쇠고기 샤브'로 1인 가격이 13,000원이고 2인 이상 주문이 가능하다. 우선 끓는 육수에 다진 쇠고기와 어묵, 유부, 얼린 호박과 녹말로 만든 누들과 가래떡, 치즈떡을 넣고 얇게 저민 소고기와 해물, 각종 채소를 데쳐서 소스에 찍어 먹는다.

고기와 채소의 향연이 끝난 뒤 만두와 고운 빛깔의 국수를 넣고 끓여 먹으면 신선하고 다채로운 재료의 색과 맛이 어우러져 기분 좋은 포만감을 느낄 수 있다. 이때쯤이면 국물에는 깊은 향과 맛이 우러나는데, 이 육수를 약간 남겨 육수에 채소밥과 달걀을 넣어 죽으로 끓여 먹으면 비로소 만찬은 끝이

난다. 나른한 봄날 춘곤증과 맞서 싸우기 위해 피로 해소와 면역력 향상에 힘써야 할 때, 비타민과 단백질뿐만 아니라 맛과 향이 어우러진 〈채선당〉을 통해 건강한 봄을 만끽해보자.

신체는 영혼을 담는 그릇

필자의 첫 데뷔 무대는 1997년 3월 예술의 전당 토월극장에서 있었다. 〈시와 무대미술과 남성춤의 만남〉이라는 기획전에서 김성옥의 시 「면죄부」를 바탕으로 연극 〈에쿠우스〉를 정신분석학적 관점에서 묘사한 작품이었다. 이때 김성옥 시인의 초청으로 당시 문화부에 재직하다 국립극장장과 의정부 예술의 전당 사장을 역임한 최진용 사장을 처음 대면하게 되었다. 그후 벌써 17년이란 세월 동안 '문화마당21'이라는 모임과 극장 운영자와 예술 감독으로 아름다운 인연을 맺고 있다.

필자는 전남 광양에서 출생하여 순천에서 고등학교를 마친 뒤, 부산에서 대학교와 대학원을 졸업하고 변변한 인맥이나 유무형의 자산 없이 홀로 상경하였지만, 운 좋게 무용수와 작가로서 활동이 보장된 서울시립무용단에 입단하게 되었다. 이후 창작활동과 학문에 뜻이 있어 무용단을 그만두고 고군분투해야 하는 홀로서기를 선택했다. 최진용 사장은 외롭고 고달픈 나의 서울 생활에 보이지 않게 혹은 소리 없이 기댈 곳을 허락해준 분, 좋은 자리에 초대해주고 아름다운 인연을 맺게 해주었으며, 나의 모든 공연에 관객으로 자리해주고 응원해 준 분, 늘 걱정과 보살핌으로 힘이 되어준, 내게는 아버지 같은 분이다.

　국립현대미술관 서울분관 뒤편에 〈국수명가〉가 자리하고 있다. 이 집은 한옥의 벽을 허물고 통유리로 마감해 실내가 훤히 들여다보이고 채광이 잘되어 좋다. 전시회에 들렀다가 작가와 찾아간 밥집은 소박하지만 정직하고 인심 또한 후한 곳으로 최진용 사장의 인품과 참으로 많이 닮았다. 내가 꼽는 국수명가 최고의 음식은 곤드레 나물과 각종 채소를 들기름에 비벼 먹는 곤드레 비빔밥이다. 잘 데친 곤드레와 신선한 채소가 어우러져 다른 양념은 굳이 필요 없다. 그 맛과 향은 무심한 듯 미각을 자극하고, 먹은 후에도 맛깔스러운 향이 입안에 가득 남아 있어 여운이 꽤 오래가는 듯하다.
　두 번째 음식은 수육 보쌈으로 수육과 부추 무침, 잘 익은 갓김치를 깻잎에 함께 싸서 먹으면 신선한 부추와 시큼하고 쌉쌀한 갓김치 그리고 깻잎의 향이 부드럽고 담백한 수육과 함께 입안에서 앙상블을 이룬다. 이외에도 파전과 김치전, 멸치국수 등 다섯 가지의 음식을 맛보며 감탄할 즈음에 주인이 맛보라며 덤으로 권한 채소비빔국수까지 각기 다른 맛에 도취해 기쁘고 즐겁고 행복한 시간을 만끽했다. 비빔국수에는 멸치육수가 나오는데 멸치 이외에 다른 어떤 맛도 첨가되지 않아 음식 맛을 씻어내고 새로운 미각을 일깨워주는 역할을 제대로 하는 듯했다.

내가 최상위 맛집 목록에 국수명가를 두기로 한 이유를 굳이 말하라고 하면, 첫째, 참기름과 들기름뿐만 아니라 모든 식재료는 거짓이 없다. 둘째, 집에서 먹는 음식처럼 어머니의 손맛이 그리운 사람에게 제격이다. 셋째, 인심 좋은 주인의 넉넉한 마음과 정성스러운 상차림이 사람을 감동하게 한다. 넷째, 가격대비 만족도가 최고이다. 다섯째, 어느 한 가지 맛없는 음식이 없다. 여섯째, 음식 궁합에 잘 맞는 밑반찬과 양념장이 마련되어 있고, 식재료의 고유한 맛을 느낄 수 있어서 좋다.

이처럼 음식을 만드는 사람과 대접하는 사람의 정성과 인품에 따라 같은 재료라도 맛은 달라질 수밖에 없나 보다. '신체는 영혼을 담는 그릇'이라는 말처럼 평소 언행과 마음가짐에 따라 사람의 외모도 변화된다고 한다. 계절의 여왕 5월에 자상하고 꾸밈없이 소박한 최 사장을 만나 수줍어 품고만 있었던 감사의 마음을 국수명가에서 전하고 싶다.

지치거나 외로울 때 뒤돌아보는 가족

가끔 일정이 취소되거나 예기치 않게 찾아오는 비는 시간을 어떻게 활용해야 할지 난감하다. 딱히 누군가를 만나기도 어중간하고 집에 들러 쉬어 가기도 부족한 시간, 풍경이 좋은 찻집에서 신문을 읽거나 가방에 넣고 다니는 책을 읽어도 좋고, 근처 영화관으로 발길을 돌려 보고 싶었던 영화를 감상하는 것도 한 방법이다. 나는 집중하고 싶은 공연이나 전시, 영화를 혼자 관람하는 것에 익숙하다.

그럴 때 내가 감상해야 할 영화는 가장 근접한 시간에 시작해 약속 시간 30분 전에 끝나야 한다는 조건을 충족시킬 수 있어야 했다. 예술성이나 관람객의 평점을 고려하고 따질 여유가 없었다. 다행히 5분 후에 시작해 약속 시간 30분 전쯤 끝나는 〈어거스트−가족의 초상August-Osage County〉이란 영화가 있어 관람했다.

지나온 길은 돌이킬 수 없고, 가야 할 길은 끝이 보이지 않으니 인생 참 얄궂다. 이 영화는 오랫동안 병든 아내 곁을 지키고 있던 교수이자 시인인 남편이 아내를 위해 가사도우미를 고용하고, 아내가 외출한 뒤 남편이 싸늘한 주검으로 발견되는 것으로 시작된다. 남편의 사인死因은 자살로 밝혀진다. 장례식을 치른 가족들은 오랫동안 떨어져 살아온 탓인지 서로 어색하고 낯설다. 저녁 식사를 하는 내내 그들의 갈등은 표면으로 드러나고 충돌하면서, 가족이 해체되는 과정이 낱낱이 드러난다. 불행은 보이지 않는 끈으로 연결된 것 같다.

남편의 외도 상대가 동생이라는 사실을 알고 배신감과 암투병의 고통을 견뎌내기 위해 약물 중독이 되어버린 어머니를 누가 모실 것인가를 두고 갈등하는 세 자매, 불행이 유전 된다면 아마도 이 영화와 같을 것이다. 첫째 딸은 아버지의 기대를 뒤로한 채 사랑을 선택하지만, 남편의 외도로 상처받고 이혼을 준비 중이며, 둘째 딸은 사랑하는 사촌 동생이 아버지와 이모의 외도로 태어난 남매지간이라는 사실에 분노하며, 셋째 딸은 사랑하는 남자와 약혼한 후에 아버지의 장례식에 참석하지만 약혼자는 어린 조카와 대마초를 피우며 성적 유희를 즐기다 들키고 그녀는 도망치듯 집을 떠나며 울부짖는다.

한 가정에서 일어날 수 있는 최악의 시나리오가 따로 없다. 영화 〈어거스트-가족의 초상〉은 소통하는 법을 잊어버린 채 살아가는 우리의 모습이다. 장례식을 치른 후 경건해야 할 식사 시간에 대화는 단절되고 고함을 치거나 물건을 집어 던지는 등, 이 가족은 언제 한꺼번에 터져버릴지 모를 시한폭탄처럼 위태롭기만 하다. 시대적 배경은 현재가 아니라 과거이지만 감정표현에 서툴고 분노조절기능이 작동하지 않는 현대인의 초상을 보고 있는 것 같아 마음이 불편하고, 한 편으로는 안타깝고 슬펐다.

강남에서 자동차로 20~30분 정도의 거리인 팔당댐 상류에 자리 잡은 〈떡갈나무세상 강마을 다람쥐〉는 도토리 음식 전문점이다. 산을 등지고 잘 가꾸어진 넓은 정원을 걷다 보면 끝자락에 팔당호가 자리 잡고 있는 게 보인다. 이곳은 예약이 안 될 뿐만 아니라 오자마자 자리 잡고 앉아서 바로 식사할 수 있는 곳도 아니다. 번호표를 받고 두어 시간 기다리는 것이 예사이지만, 온 가족이 담소를 나누며 여유롭게 시간을 보낼 수 있는 좋은 곳이기도 하다.

음식점 상호에서도 눈치를 챘겠지만, 이곳 음식은 모두 도토리 분말 가루가 주재료이다. 내가 좋아하는 도토리 전병은 담백하고 속이 편안한 음식으로 도토리 전을 얇게 부쳐내어 그 안에 두부와 고기, 채소를 다지고 말아서 따뜻하게 내어 놓는데, 강렬한 맛으로 미각을 자극하지 않으나 재료에서 볼 수 있듯이 건강에 좋은 음식이라는 생각이 저절로 든다. 쫀득해서 젓가락으로 집어도 부서지지 않는 도토리묵과 된장에 비벼 먹는 도토리채소 비빔밥, 오징어를 얹어서 구운 도토리 파전, 묵사발과 도토리 비빔국수, 수육 등 어른들뿐만 아니라 아이들의 미각까지 사로잡은 맛있는 요리 천국이다.

마음이 지치거나 외로울 때, 온 가족이 모여 두어 시간 기다릴 준비를 하고 〈떡갈나무세상 강마을 다람쥐〉에서 가족의 의미를 되새겨보는 것은 어떨까? 혼자 가는 길이라고 생각했던 힘들고 무료했던 삶의 여정에 내가 보지 못한 아름다운 동행자, 가족이 함께였다는 사실을 깨닫게 될 것이다.

어려운 시절 향수를 불러일으키는, 보리

보리는 겨울에 자라 해충이 없어 농약을 사용하지 않은 친환경 농작물이다. 어린 시절, 겨울이 지나고 봄이 오는 길목이면 동네 사람들은 누구나 할 것 없이 들판에 나와 삼삼오오 발뒤꿈치로 일정한 리듬에 맞춰 마치 춤을 추듯 보리를 꾹꾹 밟곤 했다.

땅속에 뿌리를 내렸던 보리 싹을 서릿발이 밀어 올려 영양공급이 부족한 보리가 누렇게 뜨기에 뿌리가 영양을 공급받을 수 있도록 꾹꾹 밟아줘야 다시 건강한 모습으로 잘 자랄 수 있다. 가끔 노래 한 자락 부르고 이야기꽃도 피우며 보리가 영양분을 빨아들일 수 있도록 돕는 역할이 보리밟기이다. 그러니 보리밟기는 일종의 성장촉매제 역할인 셈이다.

한편, 예로부터 우리는 하늘을 의지해 농사를 지었기 때문에 가뭄이나 홍수 등 자연재해로 인하여 흉년이 드는 다음 해 음력 4월과 5월경이면 곡식이 떨어지고 보리가 아직 여물지 않아 풀뿌리나 나무껍질로 끼니를 때우거나 식량을 꾸어 연명하였다고 한다. 그나마 가족들과 힘겨운 시절을 함께 보낼 수 있다는 것이 큰 축복이었는지도 모른다.

굶주린 가족이 뿔뿔이 흩어져 유랑민이 되거나 걸식하다가 아사餓死하는 이가 많았다고 하니 얼마나 많은 사람이 굶주림에 시달렸을지 짐작이 된다. 대부분의 농민은 추수 때 걷은 농작물 가운데 소작료와 빚, 이자, 세금을 내고 남은 식량을 가지고 보리 수확 때까지 연명해야 했는데, 봄부터 초여름에 이르는 기간이 가장 힘든 시기였다. 그래서 이 시기를 춘궁기春窮期 또는 맥령기麥嶺期라고도 했다.

특히 일제강점기와 8·15 광복 뒤부터 1950년대까지만 해도 연례행사처럼 찾아오는 보릿고개 때문에 농민들은 큰 어려움을 겪었다고 한다. 간식이 귀하던 어린 시절, 보리가 익기도 전에 서리해서 구워 먹거나 어머니께서 가마솥에 물을 살짝 붓고 대나무를 얼기설기 엮어 그 위에 삼베로 만든 천을 깔고 불을 지피고 쪄서 만들어 주셨던 보리개떡을 먹었던 기억이 아직도 생생하다.

낙안전통영농조합법인 송진영 대표는 보리개떡을 재현해서 만든 몽실이 찰보리떡으로 많은 사람에게 호평을 받고 있다. 전통 음식을 잘 만들기로 정평이 나 있는 송진영 대표가 보리떡에 관심을 갖기 시작한 것은 2년 전부터라고 한다. 보리는 영양 측면에서는 섬유질이 많아 다이어트 식품으로도 좋고, 열량이 낮아 성인병 예방에도 좋은 식재료이다. 그뿐만 아니라 쌀보다 지방과 탄수화물은 적고 단백질, 칼슘, 철분 등이 많아 균형적인 식사를 하지 못하는 현대인들에게 우유 한 잔과 찰보리떡이면 한 끼 식사로 손색없을 것 같다.

또한, 당뇨나 비만으로 고생하는 사람들의 식이요법에도 좋다고 하니 배고픔으로 고통받던 시절에 허기를 달래던 식품이 아닌 건강한 삶을 추구하는 현대인의 웰빙 식품으로 제격이다. 몽실이 찰보리떡은 보리의 비율이 90%로 어린이에게 입맛에 맞는 카스텔라처럼 부드러운 빵과 떡의 중간 맛이고, 현미보리 영양떡은 현미 30%와 보리 70%의 비율로 만들어져 거칠고 까만 보리개떡에 비해 먹음직하고 부드러운 식감이 좋다.

보리개떡의 식감은 입안이 까칠까칠하고 특별한 맛은 없지만, 허기를 달랠 수 있고, 먹을수록 정감 있는 식품이다. 가끔 부드러운 밀가루로 만든 빛깔 좋은 술떡을 보노라면 검고 거친 보리개떡이 그리워진다.

너무 인위적인 맛에 길든 사람에게 거칠고 순수한 식감으로 향수를 불러오는 보리개떡이 어머님의 손맛 그대로 느낄 수 있는 유일한 음식이 아닐까. 이제 보리를 빻아 막걸리로 반죽하고, 숙성되기를 기다렸다가 가마솥에 쪄내야 하는 수고를 하지 않고도 보리떡을 즐길 수 있다니 참 즐거운 일이 아닐 수 없다.

공연과 함께 즐기는 미식

피나 바우쉬Philippina Baush의 〈카네이션Carnation〉, 샤샤 발츠Sascha Waltz의 〈육체Koerper〉, 빔 반키부스Wim Vandekeybus의 〈블러쉬Blush〉, 필립 드쿠플레Philippe Decoufle의 〈파노라마Panorama〉, 아크람 칸 Akram Khan의 〈버티컬 로드Vertical Load〉와 〈데쉬Dash〉 등은 내가 최근 몇 해 동안 LG 아트센터에서 본 공연들이다. 나는 이 작품들을 감상한 후에 'LG 아트센터가 초청하는 공연은 우리를 실망하게 하지 않는다.'라는 강한 확신을 하게 되었다.

어떤 사람들은 LG 아트센터에 대해 국내 예술가들을 발굴하는 데 너무 인색하다고 비난을 하지만 우리를 자각하게 하는 세계적인 공연을 국내에서 감상할 수 있게 기회를 제공하니 얼마나 다행스러운 일이인가. 국내 예술가들에게 대관을 해주거나 기획공연을 통하여 젊은 예술가들의 발굴과 기회를 제공하는 것은 국민의 세금으로 운영되는 국공립극장에서 해도 될 일이다.

관객은 똑같은 서비스와 비슷한 공연이 아니라 다양성과 질 높은 공연을 요구한다. 기업이 이미지 개선이나 이윤을 목적으로 하는 문화사업에 같은 기준을 적용하는 것은 부당하다고 할 수밖에 없다. 나처럼 가난한 예술가는 현지에 가서 작품을 감상할 기회를 얻기 힘든데, 해외로 가지 않고도 국내에서 명품 공연들을 관람할 수 있게 되니 감각을 일깨우고, 시간과 돈을 절약할 수 있어서 좋다.

10년 넘게 내 품을 떠나서 생활하다가 춤 맛을 못 잊고 돌아온 제자가 셋 있다. 20대 초에 나와 동고동락했던 강선화, 심수정, 장향인은 이제 어엿한 30대 중후반이 되었다. 각자 삶을 지탱하느라 열심히 일하면서도 춤에 대한 열정은 식지 않았나 보다. 최근 그들과 일주일에 두세 번 연습을 마치고 밥도 먹고, 공연 보는 기쁨으로 내 삶은 더욱 윤택해진 듯하다. 6월 어느 날 연습을 마치고 아크람 칸의 〈데쉬〉를 보기로 하고 공연 시작 1시간 전에 도착해 밥을 먹은 곳이 LG 아트센터 뒤편 골목에 자리한 〈서래불고기〉다.

〈서래불고기〉는 깨끗하게 꾸며진 실내와 단정한 옷차림의 직원들, 고기뿐만 아니라 된장찌개, 묵사발까지 우리에게 맛의 향연을 만끽하게 해준 곳이다. 이 집 음식이 좋은 이유는, 첫째, 인공조미료를 가미하지 않아 첫맛보다 끝 맛이 더 좋다. 둘째, 국내산 쇠고기와 진상품인 이천에서 생산된 쌀만 사용한다고 한다. 이천은 깨끗한 물과 비옥한 토질, 천혜의 기후에서 재배하여 다른 지역의 쌀보다 열량, 지방, 단백질의 함량이 적고 티아닌, 니아신, 비타민, 필수아미노산이 상대적으로 많아 밥맛이 좋고 오래 보관해도 변하지 않는 것이 특징이다.

필자는 대개 고기를 먹을 때 밥 먹을 생각을 하지 않는데 직업 특성상 탄수화물의 섭취가 많으면 몸매 관리를 위해 그만큼 혹독한 대가를 치러야 하기 때문이다. 그런데 이 집에서는 고기는 고기대로, 묵사발에 맛있는 밑반찬과 된장찌개에 찰지고 윤기 나는 쌀밥까지 포식하게 되니, 그 후에는 가혹한 시간이 기다리고 있다.

요즘도 제자들은 연습 후에 '선생님 언제 그곳에 밥 먹으러 갈까요?'하고 묻는다. 그들에게 꽤 많은 맛집을 소개했는데도 그만한 곳이 없었나 보다. 일요일에 연습을 마치고 제자들과 〈서래불고집〉에 들러 정담을 나누며 맛의 향연을 즐기는 것은 내게도 즐거운 일이다.

남도 100리, 손 때 묻지 않은 아름다움

실로 오랜만의 여행이다. 생활의 언저리에서 나를 구제라도 하듯 친구를 이끌고 남도 100리[157] 길을 나섰다. 첫 번째 도착지는 섬진강 하구의 조그마한 식당이었다. 몇 해 전에 먹었던 재첩회와 재첩국이 그리워 무려 4시간을 달려갔다. 30년 동안 재첩요리만 전문으로 했다는 섬진강 하구 〈청룡식당〉의 백미는 애호박을 살짝 데쳐서 작은 재첩과 인정스럽게 초장에 버무려서 내어주는 재첩회다. 큰 양푼에 재첩회와 밥을 참기름에 비벼서 뽀얗게 우러난 재첩국을 먹으면 세상 근심·걱정이 다 사라지는 듯하다.

강물과 바닷물이 교차하는 깨끗한 모래에서만 자란다는 재첩은 섬진강이 주는 최고의 선물이다. 재첩은 예로부터 열기를 다스리고 해독에 좋은 식재료로 심한 질병으로 몸이 쇠약한 사람에게 좋다고 알려졌다. 재첩의 타우린과 아미노산은 담즙

---

157 약 40km. 천안~섬진강~선암사~순천만~공주~천안.

산과 결합해서 간 기능을 활성화하고 염증반응을 억제해 간 질환에 도움을 준다. 또한, 인체에 필요한 필수 아미노산이 어떤 비율로 들어있는가를 나타내는 단백질 스코어라는 것이 있는데 재첩의 단백질 스코어는 거의 완벽함에 가깝다고 한다.

재첩 속의 비타민 B12는 악성빈혈에 효과가 있으며, 각종 무기질이 풍부하여 숙취 해소에도 좋다. 재첩은 영양학적으로 매우 우수하지만, 성질이 차서 몸에 열이 많은 소양인 체질이나 태양인 체질에 좋은 음식이다. 그러므로 태음인이 재첩을 즐겨 먹는 것은 삼가야 한다. 다만 재첩에는 비타민A의 함량이 부족한 데 비해 부추는 비타민A의 모체인 베타카로틴이 매우 많고 열에 견디는 성질이 강하고 국을 끓여도 손실이 거의 없어 재첩국에 부추를 넣고 끓이면 영양의 균형이 유지된다고 하니 소음인 체질인 경우에는 부추를 넣고 끓여서 먹으면 부작용을 예방할 수 있을 것이다.

출발을 여유롭게 한지라 늦으면 풍경을 눈에 다 담지 못할까 봐 서둘러 선암사仙巖寺로 길을 재촉하였다. 감성이 풍부했던 고등학교 시절 혼자 와 보았던 선암사는 아직도 사람들 손을 타지 않은 그대로의 아름다움을 간직하고 있었다. 세월을 비껴가지 못한 나는 많이 변하였는데 선암사는 예전 그대로 나를 반겨주어 눈물겹도록 반갑고 고마웠다. 앞으로 20년 후에도 거기 자연 그대로 있어 주길 소망하며 냇가를 따라 자연스럽게 굽어 있는 길 사이로 언뜻 보이는 전각의 아름다운 모습을 그대로 기억하기 위해 연신 사진으로 기록하였다.

선암사가 좋은 이유는 손대지 않고 그대로 두어 참 아름다움을 느낄 수 있다는 것, 가뭄에도 나무들이 머금은 물들이 작은 아우성을 치며 흐르는데, 그 소리만으로 정신이 맑고 투명해지기 때문이다. 개울을 따라 흐르는 물은 시리도록 깨끗한 탓에 돌과 바위에 이끼가 없어 마치 새로 옮겨다 놓은듯하다. 선암사에는 4대 천왕도 없고, 역사와 규모보다 장엄하거나 화려하지도 않다.

단청이 없는 선암사의 처마는 무심해 보이지만 흠잡을 수 없이 완벽한 미적 감각을 발휘한 작품이며, 크고 작은 선암사의 사찰 지붕은 겹겹이 쌓여있어 중첩된 구조물이 하나의 표상처럼 느껴진다. 대놓고 드러내지 않았지만, 건물마다 다른 색감의 조화가 은은하며, 전체 구조물들은 공간을 계산이라도 한듯, 서로를 해치지 않아 어느 각도에서 보아도 짜임새가 있다.

손 때 묻지 않은 아름다움에 한참을 빠져 있다, 뉘엿뉘엿 해가 넘어갈 즈음 저녁 예불을 위한 법고 소리를 들은 후에야 비로소 발길을 돌릴 수 있었다. 친구와 함께했던 여행은 심성 고운 사람들의 정갈하고 욕심 없는 삶에서 숭고한 아름다움을 가슴에 담고 돌아왔을 뿐만 아니라 '자연스럽다'는 것은 '고도로 정밀하고 조화로운 상태'라는 것을 생각할 수 있었던 기회였다. 남도 100리 길을 추억하며 각박한 속세의 생활을 버텨야겠다.

자신에 맞는 품격

하늘은 청명하고 코스모스와 들국화가 지천으로 피어나는 계절이다. 가을은 산책하며 사색을 즐기기 좋은 계절이며, 어디론가 훌쩍 떠나고 싶은 계절이기도 하다. 항상 내가 머물던 그곳에 잠시 자리 비운다고 큰일이 생기는 것도 아니며, 자신을 생활의 굴레에 가둬두고서 세상을 등지거나 눈감아버린다면 누구랑 벗하고 소통하며 의지할까. 남산도 가을 맞을 채비로 분주한 때, 도심 한가운데 있지만 잘 가꾸어진 야생 식물원과 산책로가 제법 운치가 있는 국립극장에 자주 들르곤 한다.

인간 세계와 신들의 세계가 뚜렷한 경계로 나뉘어 있었던 고대, 두 세계를 이어주는 유일한 통로인 파블라 포레스Fabula Forest를 두고 천상을 오르고자 하는 대라천국 가유왕의 전사들과 통로를 지키는 수호인 실마릴리온Silmarillion의 물러설 수 없는 토너먼트가 시작된다. 대라천국 가유왕迦維王의 전사를 지휘하는 국립무용단 예술감독 윤성주와 실마릴리온을 지휘하는 안성수의 지략을 엿볼 수 있으며, 남성과 여성의 대결, 한국무용과 현대무용의 어법을 비교해볼 수 있는 흥미로운 무대를 기대하고 갔었다. 그러나 〈단壇〉에 이어 춤보다 연출, 춤보다 의상만 돋보이는 무대였다는 주관적인 평을 내리면 지나친 비약일까.

윤성주 예술감독이 부임한 지 3년 동안 단 한편의 신작만을 올리고, 안성수 안무와 정구호의 연출과 의상으로 제작되었던 〈단〉을 비롯하여 핀란드 테로 사리넨Tero Saarinen의 〈회오리Vortex〉 등 3편의 현대무용가 작품이 연이어 정기공연을 대신하였다. 컨템포러리를 지향한다는 측면에서 나는 이 같은 현상을 무조건 반대하지는 않는다. 다만 작품의 완성도나 한국적인 정서를 바탕으로 한 작품을 세계화하기 위해서는 장기간의 협력 작업과 체계적인 연습이 필요한데, 3개월이라는 제작 기간으로 수작을 바라는 것은 우물에서 숭늉을 찾는 것과 별반 다를 것이 없다.

국립극장 레퍼토리 중 시즌 개막작인 〈토너먼트Tournament〉는 철학의 부재, 설익은 몸짓, 구성과 음악의 일관성도 전혀 없는 '요란한 패션쇼' 그 이상도 이하도 아니었다. 예술감독이 행정과 안무, 레퍼토리 구성, 단원들의 역량 강화 등 모든 것을 감당할 수 없을 것이다. 그렇다면 짧은 시간에 쫓기어 어쩔 수 없이 올리는 공연이 아니라 2~3년 전에 계획된 작품들을 체계적으로 제작하고 미진한 부분은 협력과 분담을 통해 국립무용단 위상에 맞는 역할과 기능을 해야 하지 않을까 하는 생각을 해본다.

공연을 마치고 가까운 후배들과 모처럼 인사동으로 향했다. 인사동은 골목마다 운치 있는 가게들이 숨어있어 걷다 보면 마치 시간여행을 하는 듯했다. 한옥에서부터 근대 건축물에 이르기까지 다양한 건축물과 다채로운 음식점이 즐비하니 눈의 호사뿐만 아니라 다양한 맛과 멋을 즐길 수 있는 곳이기도 하다. 가끔 내가 오랜 친구와 흑맥주 한잔하고 싶을 때 가는 카페가 있다. 옛 분위기를 그대로 유지한 듯 보이나 주변의 환경을 배려한 소품의 배치가 정감 있다. 이곳으로 들어가는 입구에는 손님을 반기는 한 그루의 사과나무가 있어 봄부터 가을까지는 싹틔우고 꽃피우며 열매를 맺는 본연의 모습 그대로를 뽐낸다. 겨울에는 꼬마전구를 촘촘히 몸에 두르고 온화한 불빛으로 삭막한 밤길을 은은하게 밝혀준다.

〈사과나무〉에서 가장 인기 있는 메뉴는 18년 전통의 '치킨달밥'이다. 치킨달밥은 사과 소스에 닭고기와 표고버섯, 감자, 피망, 당근 등의 채소를 큼직하게 썰어 향신료와 함께 볶아낸 덮밥의 일종인데, 달콤하고 매콤한 맛이 적당히 어우러져 이국적이면서도 입에 잘 맞는다. 그 외에도 오징어와 홍합, 새우에 매콤한 크림소스로 요리된 해물크림소스 스파게티, 감자와 치즈가 적절하게 배합된 오믈렛, 육즙이 살아있는 스테이크에 채소와 쌀밥, 볶음면이 곁들여진 함박스테이크도 인기 메뉴들이다. 사과나무 아래서 실컷 먹고 담소를 나누었더니 조금은 여유롭고 너그러워진다. 억눌리거나 답답한 감정들을 해소하는 것이 곧 감정의 정화가 아닌가 싶다. 좋은 친구들과 담소를 나무며 마음을 비워내고 맛있는 음식으로 배를 채우니 배포도 두둑해지는 것이 답답한 마음의 흔적마저 지워진 듯했다.

맛으로 느낀 우리 역사

2014년 7월 26일 토요일, 내가 천안시립무용단 안무자로 부임한 지 한 달 하고도 사흘이 되던 주말이었다. 서울에서 이미 계획된 공연을 소화하느라 마음을 다지고 준비할 겨를도 없이 광복절 행사와 천안흥타령춤축제, 시민들을 위해 수시로 해야 하는 공연 연습으로 쉼이 없었다.

　오랜만에 망중한을 즐기고 싶었는데 마음은 이미 12월 4일과 5일 첫 정기공연으로 향하고 있었다. 첫 정기공연 작품으로 천안 목천 태생으로 신흥무관학교와 임시정부 수립에 헌신한 석오 이동녕 선생의 독립 의지와 민족애를 바탕으로 한 〈백년의 꿈〉을 정했다. 김구金九 선생이 가장 존경했던 인물이며, 윤봉길尹奉吉 열사의 마지막 일기장에서 나온 사진의 주인이 바로 석오 이동녕李東寧 선생이었다.

　작품구상을 위해 여유롭게 운전을 하고 간 곳은 선생의 생가와 기념관으로 '과거의 터널을 지나 1919년 대한민국大韓民國이란 국호를 선포하셨고 우리나라 독립운동사에서 으뜸으로 꼽을 수 있는 구국의 선각자'라는 글귀가 내 시야에 들어왔다. 대동단결大同團結과 산류천석山溜穿石[158]을 외치며 좌절하는 백성들을 독려했을 선생의 외침이 귓가를 스치는듯하다.

내친김에 독립기념관으로 발길을 돌렸다. 일제강점기부터 해방까지의 역사를 전시하는 곳인 줄 알았던 기념관은 상고시대부터 현재에 이르기까지 우리의 역사와 문화가 숨 쉬는 곳이었다. 발길을 가장 오랫동안 묶어 두었던 피 묻은 태극기는 독립운동 당시 사용했던 것으로 후손들에게 더는 치욕스러운 역사를 물려주지 말아야겠다는 다짐을 하고 나서야 발걸음을 뗄 수 있었다.

우리 음식의 자주독립을 이루게 한 일 등 공신은 어떤 것일까. 된장과 간장, 고추장, 청국장 등은 발효 음식에 꼭 필요한 식재료이며, 콩나물을 비롯하여 미숫가루와 두부, 콩비지, 콩자반 등 우리가 하루에 한 번 이상 마주하는 음식들의 식재료 역시 콩으로 만들어진 음식이다. 식물성 단백질을 공급하는 필수 식재료로 철분과 비타민 B1과 B2가 들어 있으며, 특히 밥에 콩만 섞어 먹어도 콜레스테롤을 감소시킨다고 하니 이보다 더 이로운 식품이 또 어디에 있을까 싶다.

독립기념관에서 나와 병천으로 가는 길목에 〈시골손두부〉가

---

158 산에서 흐르는 물이 바위를 뚫는다는 뜻.

있다. 새벽부터 콩을 직접 갈아 만드는 이곳은 30년 넘게 이어 온 맛집이다. 정성 가득한 찬거리에 칼칼한 두부찌개뿐만 아니라 이 집 최고 음식으로 꼽는 '콩비지 쌈'은 소량의 소금으로 간을 한 콩비지와 소금에 살짝 절인 깻잎에 싸서 먹으면 본래의 깔끔하고 향긋한 맛을 느낄 수 있다. 한 그릇 다 비우면 인심 좋게 가져다주는 콩비지를 두부찌개에 풀어서 먹으면 찌개의 칼칼한 맛을 잡아주고 담백하게 해주는 역할도 한다.

푸짐한 밥상을 다 비우고 나오면서 계산대에 앉아 계시는 원조 시골손두부 할머니께 '음식이 참 정갈하고 맛있다.'고 하니 '맛있게 먹어줘서 고맙다.'고 답을 하신다. 이어서 우스갯말로 '손님이 많아서 돈 많이 벌었겠네요.'라고 하니 음식을 만드는 모든 과정이 기계가 아닌 수공이라 손이 많이 필요한데, 요즘은 인건비가 너무 많이 올라 남는 것이 별로 없다고 한다.

천안에 온 지 한 달 만에 만나는 온전히 나를 위한 주말, 눈으로 보고 가슴에 새긴 우리의 역사와 입으로 맛보고 머리에 각인된 우리의 참맛을 깨우친 보람 있고 소중한 시간이었다.

가장 원초적인 쾌快를 위해

니콜로 마키아벨리Niccolò Machiavelli는 권력을 공고히 하는 가장 효과적인 도구는 사랑과 공포라고 했다. 이런 이중적인 감정을 이용해 자신과 독일 국민을 결속시켰으며 절대 권력을 통한 민족적 애국주의를 고취시켰던 정치가가 아돌프 히틀러Adolf Hitler였다. 만약 그가 민족주의를 앞세워 정치적 야망의 노예가 되지 않았다면 역사는 그를 어떻게 기록했을까?

히틀러는 위대한 연설가이며, 탁월한 연출가로 예술가적인 정치가였으며, 예리한 지성과 심미적 탐구, 죽음의 예찬, 밤에 이뤄진 대규모 의식과 예술에 대한 숭배, 자신의 등장 시기와 걸음걸이, 표정, 의복 등 세세한 부분까지 계산된 연출로 독일 국민의 마음을 사로잡았다. 그의 매력은 카리스마Charisma로 설명되는데, 막스 베버Max Weber에 의하면 카리스마는 '한 사람이 다른 사람에게 영향을 행사하는 초자연적인 능력'이다.

히틀러는 연설을 아무 때나, 아무 장소에서나 하지 않았다. 그는 청중들의 심리적 저항감이 가장 낮은 늦은 저녁을 연설 시간으로 잡았다. 해가 붉게 물드는 나른한 저녁 시간, 하늘을 배경으로 히틀러가 연단에 서면 집단 최면 효과는 극대화되었다. 그는 금방 연단에 오르지도 않았다. 장중한 북소리를 둥둥 울리며, 그의 등장에 대한 기대를 고조시키고, 붉은색과 흰색, 검은색으로 이루어진 강렬한 나치 깃발이 하늘을 메우고, 그렇게 기대감에 부푼 채 오랜 시간 기다린 군중들의 앞에 붉게 물든 배경으로 그가 나타나면 그곳은 당장 열광의 도가니가 되었다. 그들은 이미 기꺼이 최면에 걸릴 준비가 되어 있었다.

히틀러에 의해서 연출된 정치적 행사는 인간의 심리에 대한 정확한 인식을 표출하고 있다. 휴고 보스Hugo Boss가 디자인한 군복을 입고 도열한 모델 같은 친위부대와 깃발들, 횃불의 유희, 행진하는 군중과 바그너Richard Wagner의 음악 등이 군중을 사로잡았다. 히틀러는 이러한 효과들을 얼마나 중요하게 여겼는지는 그가 축제에서 가장 사소한 세부사항에 이르기까지 검사하고, 동작 하나와 걸음걸이까지도 정밀하게 감정하며, 깃발이나 꽃 등 장식적인 세부사항과 귀빈들의 좌석배치도를 손수 점검하였다는 데서 잘 드러난다.

이처럼 치밀한 대중선동가 히틀러가 좋아하는 음식은 어떤 것이었을까? 맑은 국물과 삶아서 으깬 감자 그리고 케이크라고 한다. 독재자치고는 소박하다 못해 초라한 음식들이다. 가난한 유년시절 다양한 음식을 맛보지 못해 미각이 발달하지 못해서였는지, 아니면 지나친 결벽증 때문이었는지 모르겠지만, 그는 철저한 채식주의자로 음식을 음미하기보다는 생존을 위한 영양공급원 정도로 생각했던 것 같다.

뇌의 모든 정보와 지식은 신경세포 간의 연결인 시냅스 Synapse를 통해서 완성되는데, 시냅스의 유연성이 높은 결정적인 시기인 10~12세에는 경험을 기반으로 자주 쓰는 신경세포는 살아남고, 쓰지 않는 세포는 도태된다고 한다. 히틀러는 세계 최고의 예술가적인 정치인이며, 불필요한 말과 서신이나 어떠한 기록을 남기지 않을 정도로 철저했지만, 인간이 느끼는 가장 원초적인 쾌快와는 거리가 먼 삶을 살았다.

부암동 〈치어스〉에 들러본다. 독일 맥주에 소시지 대신 언제부터 치킨이 친구가 되었는지는 모르지만, '치맥'—치킨과 맥주—이라는 신조어가 생길 정도로 한국인의 치킨 사랑은 각별하다. 서울 3대 치킨집으로 꼽히는 〈치어스〉는 4인용 테이블이 5개뿐인 맥주 전문점이다. 큼직하게 튀긴 감자와 치킨이 어우러진 안주에 생맥주 한 잔이면 세상 부러울 것도 없고, 하루의 피로가 말끔히 씻긴다.

　　예술가들은 창의성을 바탕으로 독특한 양식을 갖게 되며, 작품을 통하여 끊임없이 선대의 예술세계를 극복하려는 투쟁의 역사를 관통하도록 되어 있다.

　　문화산업으로서의 춤이 관객에게 외면받지 않고 존재하기 위해서는 언제 어디서나 접하기 쉽고 체험할 수 있는 것이 아니라 행위자가 아닌 관객이 무엇을 요구하는지를 파악하고 그것을 현실화시키려는 철저한 준비과정이 필요하다.

　　꿈을 빚는 마술사 필립 드쿠플레는 15세 때 서커스 학교에 들어가는 것으로 무대 인생을 출발하여 22살 때 무용단을 만들고 무용수, 안무가, 비디오와 이벤트 연출가로 다채로운 작업을 벌이고 있다.

　　"관객들이 한편의 기분 좋은 꿈을 꾸도록 환상적인 분위기를 부지런히 만들어야 하는 게 나의 의무이며, 춤은 땅에 발을 딛고 추는 것이 아니라 바닥·공중·가상현실 등 어떤 공간이든 가능하다."고 말하며 무대의 시간과 공간의 개념을 재정립하였다.

　　비밀리에 운동장을 파고 잔디를 입혀 땅속에서 무용수가 등장하게 하고, 공중에서는 서커스가 이루어진다든지 미디어를 통해 현실과 가상현실을 오가는 무용수를 통해 그는 관객이 시선을 돌리거나 지루할 틈을 주지 않는다.

"남을 질리게 하면 나는 더 질린다." "무대에서 벌어지는 일은 현실 아닌 현실, 극장은 꿈꾸는 이들의 것이다."라고 말하는 필립 드쿠플레의 무대처럼 메시지 대신 수많은 복합적 이미지를 새롭고, 흥미롭고, 즐겁고, 재미있게 보여주는, 철저히 관객을 배려하는 무대가 앞으로 우리춤의 과제이다.

단행본

『周易』

『문화정책백서』, 문화관광부, 2005.

『문화정책논총』, 한국문화관광연구원, 2006.

국립문화재연구소, 『중요무형문화재 제97호 살풀이춤』, 신부사, 1998.

고회민 저, 숭실대학교 동양철학연구소 역, 『中國古代易學史』, 숭실
　　대학교 출판부, 1990.

김용옥, 『氣哲學散調』, 통나무, 1992.

김일권, 『동양 천문사상 하늘의 역사』, 예문서원, 2007.

김현자, 『생춤의 세계』, 문학사, 1992.

박재희, 『우리 춤을 찾아서』, 도서출판 푸른바다, 2015.

성경린, 『한국전통무용』, 일지사, 1979.

신성수, 『周易通解』, 도서출판 대학서림, 2005.

신성수, 『현대 주역학 개론』, 도서출판 대학서림, 2007.

안광선, 『강릉단오제가 유네스코로 간 까닭』, 민속원, 2006.

양계초·풍우란 저, 『음양오행설의 연구』, 신진서원, 1993.

우동, 澤田多喜男 譯, 『中國哲學問題史』 上冊, 팔천대 출판, 1977.

유동식, 『무교과 민속예술』, 문학과지성사, 1988.

유정기 편, 『東洋思想事典』, 우문당 출판사, 1965.

이미영, 『한국 춤 연구』, 민속원, 2007.

이병옥·서승우 저, 『국립문화재연구 '한국의 중요무형문화재 11'–살풀이춤』, 신
　　유문화사, 1988.

이용복, 『한국무예 택견』, 학민사, 1990.

日原利國篇, 『中國思想辭典』, 연문출판, 1984.

임재해, 『한국의 민속예술』, 문학과 지성, 1998.

최병철, 『맹자철학에 있어서 자연의 섭리와 정치체제의 변동』, 동양철학의 자연과
　　인간, 아세아문화사, 1988.

한국철학, 『한국철학사상연구회』, 예문서원, 1996.

한무, 『처용무의 보법에 관하여』, 처용연구, 1987.

허영일, 『포스트 모던댄스의 미학』, 정문사, 1989.

번역서

고회민 저·정병석 역, 『周易哲學理解』, 文藝出版社, 1995.

강재론 역, 『中國思想史』, 일신사, 1982.

김혁제 역, 『周易』, 명문당, 1997.

노자 저, 임법융 역, 『도덕경 석의』, 금선학회 역, 여강 출판사, 2004.

사라 알란 저, 오만종 역, 『거북의 비밀-중국인의 신화와 우주』, 예문서원, 2002.

샐리 베인스 저, 박명숙 역, 『포스트 모던댄스』, 삼신각, 1991.

서복관 저, 권덕주 외 역, 『중국예술정신』, 동문선, 1990.

안영길 외 역, 『美學 藝術學 事典』, 미진사, 1989.

앨런 로버트슨·도널드 휴트라 저, 박명숙 역, 『댄스 핸드북』, 삼신각, 1993.

올가 에미나드 저, 정옥조 역, 『미국 현대무용가들』, 솔출판사, 1996,

쟈네트 월프 저, 이성훈·이현석 역, 『예술의 사회적 생산』, 한마당, 1986.

제랄드 조너스 저, 김채현 역, 『춤』, 청년사, 2003.

제르먼트 프리드모 저, 양선희 역, 『무용의 역사』, 삼신각, 1990.

학위논문

김용복, 「한국무용의 미학적 구조연구 : 학적 사유구조를 중심으로」, 성균관대
　　학교 박사학위논문, 2007.

백경우, 「이매방 춤의 양식적 특성으로 본 역학적 분석」, 성균관대학교 대학원
　　박사학위논문, 2001.

정은혜, 「처용무의 동양사상적 분석을 통한 무의 연구」, 한양대학교 대학원 박
　　사학위논문, 1995.

하창환, 「『周易』의 時間觀 研究」, 영남대학교 대학원 박사학위논문, 1998.

소논문

김말복, 「자연, 인간, 춤에 대한 동서양의 인식」, 무용예술학연구 제7집, 2001.

김성기, 「주역의 神人關係에 대한 해석학적 접근-周易과 韓國易學」, 한국주역학
　　회, 범양사, 1996.

김영숙, 「東洋의 氣思想과 舞踊藝術에 관한 研究」, 공주교육대학교논총 第
　　28輯, 1992.

김영식, 「주선의 氣槪念에 관한 몇 가지 考察」, 민족문화연구 제19호, 고려대학교

민족문화연구소, 1986.

김태원, 「한국춤의 특성과 현대적 변모」, 무용저널 제11호, 한국 평가론회, 1996.

김채현, 「우리춤의 본질에 대하여. 한국춤 전통의 위상과 현대적 수용」, 제6회 전통문화학회 세미나, 한국문화재보존원, 1992.

김천흥, 「한국무용의 기본무용」, 문화재보고서 제14호, 1969.

성태용, 「易經 宇宙論 三重構造」, 철학논공 제10집, 1982.

수산 신성수, 「周易과 藝術」, 우리춤 연구소 세미나 자료집, 2010.

신성수, 「周易에 含有된 純粹藝術精神」, 우리춤 연구 제7집, 도서출판 역락, 2008.

신성수, 「주역학의 연구동향과 향후과제」, 동방논집 3권 1호, 한국동방학회, 2010.

장정룡, 「강릉단오제 현장론 탐구」, 국학자료원, 2007.

정병호, 「한국전통 춤의 몇가지 특징」, 한국춤 100년 창작춤 연구심포지움, 1999.

기사

서울신문, '오늘의 눈 〈태양의 서커스〉', 윤창수 기자, 2013. 6. 21.

조선일보, '매력을 파는 쿨한 일본', 박정훈 경제부장, 2008. 4. 12~13.

조선일보, 조용헌 살롱[712] 분단생사分段生死와 변역생사變易生死, 2009. 12. 7.

조선일보, 조재희 기자, 2013. 5. 22.

파이낸셜뉴스, 박지현 기자, 2013. 03. 04.

SBS, 김범주 기자, 2013. 05. 12.